数字经济创新驱动与技术赋能丛书

信息资产管理

像管钱一样
管好你的数据与知识

[澳] 詹姆斯·普莱斯（James Price） 著
　　　尼娜·埃文斯（Nina Evans）

丛兴滋　马欢　田震　译

机械工业出版社
CHINA MACHINE PRESS

本书基于作者与 70 多位行业领袖的深入访谈和广泛的调查研究，不仅阐明了组织和其高管在信息管理上应有的战略性思考和行动模式，而且深入探讨了诸多信息管理措施难以实施的根本原因。本书共 16 章内容，第 1~3 章介绍了组织职能、信息资产的重要性及管理障碍；第 4 章提出"整体性信息资产管理模型"用于启动和优化信息资产管理；第 5~14 章逐项深入解读模型的关键领域，就像是十把打开信息资产管理大门的钥匙；第 15 章探讨信息资产管理与数字化转型；第 16 章提供了接下来的行动指南。

本书为数据要素型企业提供了开启数据资产宝藏的钥匙，读者对象包括董事会成员、C 级高管（CEO、CTO、CIO、CDO、CFO 等）、业务专家、数据管理从业者，以及其他对探寻数据价值感兴趣的企业管理人员。

Information Asset Management: Why You Must Manage Your Data, Information and Knowledge the Way You Manage Your Money by James Price, Nina Evans
ISBN: 9781032249711

Copyright © 2024 James Price & Nina Evans

Authorized translation from English language edition published by Routledge, part of Taylor & Francis Group LLC; All rights reserved; 本书原版由 Taylor & Francis 出版集团旗下 Routledge 出版公司出版，并经其授权翻译出版，版权所有，侵权必究。

China Machine Press is authorized to publish and distribute exclusively the Chinese (Simplified Characters) language edition. This edition is authorized for sale in the Chinese mainland (excluding Hong Kong SAR, Macao SAR and Taiwan). No part of the publication may be reproduced or distributed by any means, or stored in a database or retrieval system, without the prior written permission of the publisher. 本书中文简体翻译版授权机械工业出版社在中国大陆（不包括香港、澳门特别行政区及台湾地区）出版与发行。未经出版者书面许可，不得以任何方式复制或发行本书的任何部分。

Copies of this book sold without a Taylor & Francis sticker on the cover are unauthorized and illegal. 本书封面贴有 Taylor & Francis 公司防伪标签，无标签者不得销售。

北京市版权局著作权合同登记　图字：01-2024-4905 号。

图书在版编目（CIP）

信息资产管理：像管钱一样管好你的数据与知识 /（澳）詹姆斯·普莱斯（James Price），（澳）尼娜·埃文斯（Nina Evans）著；丛兴滋，马欢，田震译. -- 北京：机械工业出版社，2025.5. -- （数字经济创新驱动与技术赋能丛书）. -- ISBN 978-7-111-78375-6

Ⅰ. F272.7

中国国家版本馆 CIP 数据核字第 2025UJ3214 号

机械工业出版社（北京市百万庄大街 22 号　邮政编码 100037）	
策划编辑：李晓波	责任编辑：李晓波
责任校对：王　捷　李可意　景　飞	责任印制：刘　媛

三河市宏达印刷有限公司印刷
2025 年 7 月第 1 版第 1 次印刷
148mm×210mm・7.5 印张・186 千字
标准书号：ISBN 978-7-111-78375-6
定价：79.00 元

电话服务	网络服务	
客服电话：010-88361066	机　工　官　网：www.cmpbook.com	
010-88379833	机　工　官　博：weibo.com/cmp1952	
010-68326294	金　　书　　网：www.golden-book.com	
封底无防伪标均为盗版	机工教育服务网：www.cmpedu.com	

专家赞誉

普莱斯（Price）和埃文斯（Evans）合著的这部作品极具开创性意义，其颠覆性的思想深刻阐释了企业应如何认识并解决信息管理问题，同时揭示了相关实践屡屡失败的根本原因。该书可能是目前关于数据资产化管理研究中最全面、最重要的成果之一，为将数据转化为真正的企业资产、克服长期存在的管理障碍提供了系统性解决方案。

——道格拉斯·B. 莱尼（Douglas B. Laney）
West Monroe Partners 公司创新研究员
《信息经济学》《数据果汁》作者

如果你认为资产管理的范畴仅限于资金、人力和基础设施，请重新思考。必须认识到，数据、信息与知识作为支撑所有资产管理活动的基础要素，其本身就是最具战略价值的核心资产之一。普莱斯（Price）和埃文斯（Evans）基于丰富的实践经验、前沿研究成果和行业领袖深刻见解，完成了令人信服的论证，建议深入理解其观点，并将书中理论应用于实践。

——达内特·麦吉利夫雷（Danette McGilvray）
Granite Falls Consulting 公司总裁兼首席顾问
《数据质量管理十步法：获取高质量数据和可信信息》作者

在当前这个人人都自诩为数据专家和人工智能天才的时代，能够读到如此严谨务实的基础性研究著作实属难得。在我个人看来，本书堪称澳大利亚 MBA 文化（杜绝空谈）的典范之作，理应列入每位从业者的必读书目。

——达拉格·奥布莱恩（**Daragh OBrien**）
Castlebridge 公司首席执行官
都柏林大学萨瑟兰法学院数据保护与数据治理讲师

将数据、信息和知识确认为战略资产并实施专业化管理，可能是企业提升其核心竞争力的最佳实践。对于那些致力于发展人工智能的企业而言，这更是一项不可或缺的要务。

——托马斯·C. 雷德曼（**Thomas C. Redman**）博士
"数据医生"、**Data Quality Solutions** 公司总裁

自 序

组织正在将数据、信息和知识作为竞争手段，这些无形资产理应被视作宝贵的财富。然而，与资金、人力和基础设施等其他关键资源相比，信息资产（Information Assets）的管理往往不尽如人意，这给组织带来了显著风险。高管们肩负着推动组织成功的重任，那些未能有效掌控这一关键资源的领导者可能被指责为失职。

信息资产不仅承载着巨大的风险，也蕴含着巨大的价值。目前，大多数组织的董事会和高管层尚未掌握有效治理和管理信息资产的方法，组织同时也缺乏有效的问责机制。组织必须像对待金融资产一样对信息资产进行规范管理，有效治理和管理信息资产可以在多个方面带来收益，如提升运营效率、提高生产力、增加员工的工作满意度、优化决策过程、降低业务风险、改进产品和服务质量，以及维护企业声誉和客户服务等。

本书通过开创性的研究，深入分析了信息资产对组织成功的关键作用，以及在管理这些资产时所面临的障碍。其独特之处在于，书中不仅包含了对 70 多位行业领袖的深入访谈和他们的实践经验，还结合了广泛的调查研究，为信息资产管理提供了独到的见解和全新的视角。简而言之，这本由资深高管撰写的书籍，为读者提供了一份关于如何启动和优化信息资产管理旅程的指南。

译者序

随着人工智能等新技术的广泛应用和数字经济的蓬勃发展，数据的重要性不断攀升，数据资产管理能力已成为激发数据要素活力、加速释放数据价值的关键。想象一下，如果我们的组织能够像呵护每一分钱那样精心管理我们的信息资产，我们在竞争的赛道上将会拥有怎样的速度与激情？

然而，许多组织在这场数据的马拉松中步履蹒跚，它们不仅错失了创造巨大价值的潜在机遇，更在不经意间埋下了风险的种子。例如，IBM 于 2024 年 7 月发布的《2024 年数据泄露成本报告》显示，2024 年全球数据泄露平均成本创下了 488 万美元新高，严重影响了企业的声誉和财务状况。在数字经济时代，每一位现任或未来的领导者都肩负着利用数据推动组织走向成功的使命，如果不能及时有效掌控信息资产，无疑是在辜负这份沉甸甸的责任。

万幸，通过道格拉斯·B. 莱尼（Douglas B. Laney）的《信息经济学》，我们邂逅了詹姆斯·普莱斯（James Price）和尼娜·埃文斯（Nina Evans）合著的这部杰作——《信息资产管理：像管钱一样管好你的数据与知识》。本书不仅涵盖了 70 多位行业领袖的深度访谈和广泛的调查研究，而且通过整体性信息资产管理模型（HIAMMM）深刻揭示了业务影响、高管意识、业务环境、领导力与管理、信息资产环境、信息技术、信息资产管理行为、信息资产质量、信息资产利用、投资理由举证等十个关键领域的重要作用，以及它们之间的联动关系。同时提供了行之有效的实战指南，它就像一盏明灯引领翻译小组完成了一段充满惊喜的信息资产探索之旅。现在，我们愿将这份幸运与你分享，期待它能为你打开信息资产管理的神秘大门。

此外，本书作者詹姆斯·普莱斯（James Price）与约翰·拉德利（John Ladley）、达内特·麦吉利夫雷（Danette McGilvray）、凯勒·奥尼尔（Kelle O'Neal）、托马斯·C.雷德曼（Thomas C. Redman）等人共同创立了数据领导者社区（Data Leaders），并在2017年4月的企业数据世界大会（Enterprise Data World Conference，EDW）上发布了《领导者数据宣言》（The Leader's Data Manifesto）。《领导者数据宣言》认为，数据是驱动企业可持续发展的最佳潜能，大多数组织的管理模式较数据驱动还相差甚远，呼吁大家一起来引导这场变革，呼吁数据专家成为商业伙伴们的数据导师，积极沟通和传授数据管理理念，帮助他们推进数据管理，打造出成功的商业案例。期待本书的出版发行，能够传递并发扬《领导者数据宣言》的核心理念，为数据领导者中国社区的发展注入新的活力。

最后，感谢你选择阅读本书。我们希望本书能成为你在数据管理旅途中的指南针，为你提供实用的策略和工具，帮助你在数据管理方面取得成功，进而激发组织的无限活力。祝你成功！

我们已尽力确保译文的准确性和流畅性，但由于水平有限，错漏之处在所难免，我们欢迎读者提出宝贵意见和建议，以便我们不断改进。你可以通过电子邮件 markmind@163.com 与我们交流本书的相关信息，再次感谢！

丛兴滋

2024年12月25日

# 前　言

本书面向所有与数据、信息和知识打交道的人士，在数字经济飞速发展的当下，极少有人不在此列。我们有意将本书打造成一部挑战传统观念的作品，旨在激发思考、引起危机感，以此推动变革。书中汇集了我们 15 年的研究成果，涵盖了过去 25 年的实证研究，展示了项目中的痛点和经过验证的建议。我们的研究跨越了三大洲，涵盖了 70 多位首席执行官和董事会成员的见解，这些研究均通过了伦理审查和同行评审，并已发表在多个高级别的期刊和会议论文集中。根据伦理审查的要求，我们对所有案例和引语中的身份信息进行了保护，除非获得了明确的引用许可。本书旨在帮助读者实现个人和组织的目标以取得卓越成就，同时也为激发更多读者的灵感。

我们希望本书内容易于理解，适合在旅途中阅读，如从悉尼飞往墨尔本的航班上。为了确保实用性，我们提供了多种工具，包括检查清单、问题集以及可直接应用的行动指南。我们期望本书不仅能提供知识，还能激励读者立即将所学付诸实践。

本书深入探讨了如何有效治理和管理组织中宝贵且易受攻击的资产——数据、信息和知识，统称为信息资产。信息资产的有效管理并不总是需要复杂的技术或高昂的成本。

以一家全球葡萄酒公司为例，该公司的酒庄总经理成功实施了一项低成本的信息资产管理实践，显著改善了酒庄的信息资产管理效率。该项目在没有增加任何计算机硬件和软件投资的情况下，仅用了短短八周时间就实现了收支平衡，并将生产力提升了超过 10%。

总经理分享说:"在我们所有的投资中,没有哪个项目能迅速地带来如此显著的成果,并得到员工的高度认可。"这表明,通过优化信息资产管理,即使是小规模的变革也能带来巨大的业务价值。

信息资产兼具高价值和脆弱性特征,通常面临管理不善的窘境,原因是多方面的。首先,治理体系不健全,信息资产在业务、资产层面都缺乏有效的治理,这也是最关键的原因;其次,管理收益难评估,许多组织在量化信息资产的价值、评估有效管理这些资产所带来的收益方面面临严峻挑战;最后,会计准则不支持,由于信息资产及其收益大多属于无形资产,根据国际财务报告准则和美国公认会计原则(GAAP),它们无法资本化并记录在资产负债表上,这进一步增加了核算的难度。

根据我们的经验,在信息资产管理上取得显著成效的往往是一些中等规模的组织,它们在发展壮大过程中遇到了信息资产管理问题,同时也具备妥善处理相应问题的灵活性。在这些组织中,通常有一位热衷于追求业务成效的领导者,他认识到通过改善信息资产管理可以显著提升业务成效,并且他的职位足够高,能够推动并实施持久的变革。

在我们看来,信息资产管理意识在组织中的表现可以分为以下六个层次。

1)没有问题:组织能够随时获取所需的信息,这是一个理想状态,极少数组织能够达到。即使是小型组织,也常在关键时刻难以获取所需信息。

2)问题存在但未被意识到:许多组织可能未能察觉到信息管理中存在的问题,因此不会采取相应的解决措施。

3)问题被识别但缺乏解决动力:组织虽然意识到了问题的存在,但可能由于资源限制、优先级排序或其他原因,缺乏解决问题的动力。这种态度可能导致问题持续存在,如"我们有信息资产经理，我们都很好，杰克"，或者"危机？什么危机？没有危机"。

4）问题被识别并且具有解决意愿：这类组织已经认识到问题，并有强烈的意愿去解决。他们面临着巨大的发展机遇，因为他们已经开始寻找解决方案，并准备采取行动。

5）问题正在被解决：这些组织不仅识别了问题，而且正在积极采取措施解决。尽管在解决过程中可能会遇到挑战，但他们同样拥有巨大的机会，因为他们正在朝着改善信息资产管理的方向前进。

6）问题已得到改善：只有少数组织能够识别问题并成功地改善信息资产管理。我们对这些组织取得的成效及其实现方式非常感兴趣，如果你愿意分享成功经验，请与我们联系。

以石油和天然气行业为例，在这里信息资产管理虽然不是一个新概念，但将其真正作为关键资源进行有效管理的实践并不普遍。在一次行业协会的全国会议上，一位论文评审员指出，尽管许多大型石油和天然气公司已经设立了信息资产管理岗位，但这并不等同于他们已经有效地将信息资产作为关键资源进行管理了。根据我们的经验，实际情况往往与理想状态有所差距。在与多家矿业、石油和天然气公司的合作中，我们尚未遇到哪家公司能够充分展示出他们将数据、信息和知识作为重要的商业资产来管理的明确证据。

对于上述内容仍有疑虑吗？请继续阅读并思考以下的问题和答案。

问题1：贵公司的董事和董事会成员多久会要求审阅一次公司的财务报表，以及财务资产管理状况报告？

回答：每一次董事会会议。每个月。

追问：他们多久会要求审阅一次信息报表，也就是组织信息资产管理情况报告？

回答：董事会甚至不知道它们是什么。

问题 2：试想一下，如果采用管理信息资产的治理模式、问责制度和道德标准来管理金融资产，你的组织将会演变成什么样子？

回答 1：一位全球石油和天然气公司的高管表示："我们可能会在一周内破产。组织中的任何成员都能在未经授权和不报告的情况下，随意使用资金，无论金额大小或目的如何。因为我们的信息管理就是这样混乱，仿佛现金可以被随意装在手推车里从这里成堆地运走。"

回答 2：华盛顿特区一家律师事务所的知名股权合伙人指着地板，用一个比喻来说明问题。

"就像那边的那个家伙一样。"

"那边的哪个家伙？"

"没错，就是那个看不见、不存在的家伙。如果继续忽视这个问题，在周四之前，我们的企业就会和那个家伙一样消失不存在了。"

现在你已经看到了其他高管的观点，对于上述问题，你的回答是什么？

对于高层管理者而言，有效的信息资产管理是一种至关重要的支持工具，它能够改善商业决策的质量，降低潜在的风险，减少不必要的成本开支，并创造实质性的商业价值和利益。当员工能够访问到准确、及时的信息，并以此提高工作效率和专业性时，他们不仅能够带着成就感完成工作，还能够更好地平衡工作与生活，享受与家人团聚的时光。然而，现实中信息资产常常面临管理不善的窘境，这不仅阻碍了上述收益的实现，还可能导致风险增加、资源浪费和员工士气低落。长期来看，这些问题可能会导致产品质量下降、客户服务水平降低、削弱组织的市场竞争力，甚至可能导致市值损失或失去运营资格，最终导致业绩达不到预期。

接下来我们将展示以下观点：

- 组织的存在是为了在正确的时间以合理的价格，向有需要的人提供合适的产品或服务。
- 它们通过有效配置和利用可用资源或原材料来实现这一目标。
- 最成功的组织能够在消耗最少资源的同时为客户提供最大价值。
- 数据、信息和知识是实现这些目标的关键资源。
- 然而，这些资源的治理和管理通常不尽如人意。我们将通过同行评审的研究和实际案例来支持这一观点。
- 信息资产管理不善的原因可以归纳为十个关键领域，每个领域都是本书某一章的核心主题。
- 通过深入研究每个领域，你可以构建自己的信息资产管理实践，并描绘出这些实践对业务的影响。
- 在书中几乎每一章的末尾，我们都将提出一些挑战性的问题，以供你和你的团队深思。
- 最后，我们将为你提供建议和后续行动的方向。

在本书大多数章节的末尾，我们特意设计了一系列挑战性问题，旨在鼓励组织内部对话和自我反思。这些问题是我们多年观察和实践经验的结晶，它们揭示了在管理和治理组织的关键商业资产（尤其是数据、信息和知识）方面的不一致性和潜在问题。我们希望能够引导读者不仅理解信息资产管理的理论基础，而且能够将这些理论应用于实践，以实现组织的战略目标。

目 录

专家赞誉
自 序
译者序
前 言
第1章 组织的核心职能及商业逻辑剖析 1
　1.1 内容介绍 1
　1.2 本章摘要 2
　1.3 组织的职能 2
　1.4 组织的资产 3
　1.5 高效且有效地配置资源的重要性 4
　1.6 治理与管理 6
　1.7 无形资产及其价值 7
　1.8 统一术语的必要性 9
　1.9 思考题 10
　1.10 参考文献 11
第2章 常见的信息资产及其重要性探究 13
　2.1 内容介绍 13
　2.2 本章摘要 14
　2.3 信息资产是什么 14
　2.4 信息资产的价值和脆弱性 18
　2.5 信息资产治理和管理 19
　2.6 太阳底下没有新鲜事 20

2.7 信息资产管理的好与坏 ··· 21
2.8 信息资产的管理过程 ··· 24
2.9 高管同行的访谈选摘 ··· 26
2.10 思考题 ·· 31
2.11 参考文献 ··· 31

第3章 妥善治理和管理信息资产的障碍 ································ 33
3.1 内容介绍 ··· 33
3.2 本章摘要 ··· 34
3.3 我们研究的动因 ·· 34
3.4 我们研究的方式 ·· 37
3.5 我们研究的结果 ·· 41
　3.5.1 发现1：认知与见解 ··· 41
　3.5.2 发现2：投资理由举证 ·· 42
　3.5.3 发现3：治理 ·· 43
　3.5.4 发现4：领导力与管理 ·· 44
　3.5.5 发现5：支持系统及实践 ······································· 44
3.6 研究结果的验证 ·· 46
3.7 参考文献 ··· 49

第4章 妥善管理信息资产的整体性模型 ································ 51
4.1 内容介绍 ··· 51
4.2 本章摘要 ··· 52
4.3 领域1：业务影响 ·· 54
4.4 领域2：高管意识 ·· 55
4.5 领域3：业务环境 ·· 56
4.6 领域4：领导力与管理 ··· 57
4.7 领域5：信息资产环境 ··· 58
4.8 领域6：信息技术 ·· 59
4.9 领域7：信息资产管理行为 ··· 60

- 4.10 领域8：信息资产质量 ····· 61
- 4.11 领域9：信息资产利用 ····· 62
- 4.12 领域10：投资理由举证 ····· 63
- 4.13 十个领域的相互作用 ····· 64
- 4.14 参考文献 ····· 65

第5章 信息资产管理的业务影响性分析 66

- 5.1 内容介绍 ····· 66
- 5.2 本章摘要 ····· 67
- 5.3 领域1：业务影响 ····· 67
- 5.4 好与坏的表现 ····· 68
- 5.5 实现效益和理解业务影响的困难 ····· 69
- 5.6 卡车类比信息资产管理 ····· 71
- 5.7 信息资产的风险 ····· 73
  - 5.7.1 访问安全 ····· 73
  - 5.7.2 灾难恢复和业务连续性 ····· 75
  - 5.7.3 诉讼举证 ····· 75
  - 5.7.4 合规遵从 ····· 75
  - 5.7.5 竞争优势 ····· 76
  - 5.7.6 人身安全 ····· 76
- 5.8 信息资产的成本 ····· 76
- 5.9 信息资产的价值 ····· 79
- 5.10 信息资产的收益 ····· 82
  - 5.10.1 收入的损失 ····· 87
  - 5.10.2 成本的增减 ····· 88
  - 5.10.3 生产力的增减 ····· 88
  - 5.10.4 信誉或难堪 ····· 91
  - 5.10.5 纸张的节约 ····· 91
- 5.11 信息资产伦理 ····· 92
- 5.12 思考题 ····· 94

| 5.13 | 参考文献 | 95 |

第6章 信息资产的高管意识重要性分析 97

6.1	内容介绍	97
6.2	本章摘要	97
6.3	领域2：高管意识	98
6.4	好与坏的表现	100
6.5	思考题	104
6.6	参考文献	105

第7章 业务治理和管理为什么至关重要 106

7.1	内容介绍	106
7.2	本章摘要	106
7.3	领域3：业务环境	107
7.4	治理与管理	108
7.4.1	业务治理	109
7.4.2	资产治理	109
7.5	管理	110
7.5.1	资产管理	110
7.5.2	业务治理的重要性	112
7.6	好与坏的表现	112
7.7	业务框架	113
7.8	缺乏业务治理	114
7.9	思考题	117
7.10	参考文献	118

第8章 领导力与管理促进信息资产实践 119

8.1	内容介绍	119
8.2	本章摘要	120
8.3	领域4：领导力与管理	120
8.4	好与坏的表现	121
8.5	缺乏高层支持	123

8.6　缺乏妥善管理信息资产的激励 ················· 124
8.7　组织必须向利益相关者展示收益 ················ 124
8.8　管理者既没有设定期望也不能以身作则 ············ 125
8.9　文化氛围至关重要但人们抵制变革 ··············· 126
8.10　思考题 ································ 127
8.11　参考文献 ······························ 128

第9章　妥善治理和管理信息资产的前提 ················ 129
9.1　内容介绍 ······························ 129
9.2　本章摘要 ······························ 129
9.3　领域5：信息资产环境 ······················ 130
9.4　好与坏的表现 ··························· 131
9.5　首席信息官（CIO）的作用 ··················· 132
9.6　妥善治理和管理信息资产的前提 ················ 135
9.7　思考题 ································ 137

第10章　信息技术对信息资产管理的贡献 ··············· 138
10.1　内容介绍 ····························· 138
10.2　本章摘要 ····························· 138
10.3　领域6：信息技术 ························ 139
10.4　好与坏的表现 ·························· 140
10.5　思考题 ······························ 147
10.6　参考文献 ····························· 147

第11章　信息资产管理行为的影响性分析 ··············· 148
11.1　内容介绍 ····························· 148
11.2　本章摘要 ····························· 149
11.3　领域7：信息资产管理行为 ··················· 149
11.4　好与坏的表现 ·························· 150
11.5　信息行为 ····························· 151
11.6　信息资产所有权 ························· 152
11.7　信息共享行为 ·························· 152

11.7.1 信息囤积 ………………………………………………… 153
11.7.2 信息隐藏 ………………………………………………… 154
11.8 对信息资产管理计划的抵制 ……………………………………… 155
11.9 每个人的责任 ……………………………………………………… 156
11.10 思考题 …………………………………………………………… 156
11.11 参考文献 ………………………………………………………… 157

第12章 信息资产质量的内涵及其重要性 …………………………… 158
12.1 内容介绍 …………………………………………………………… 158
12.2 本章摘要 …………………………………………………………… 159
12.3 领域8：信息资产质量 …………………………………………… 159
12.4 好与坏的表现 ……………………………………………………… 161
12.5 优质信息资产的涉及面 …………………………………………… 161
12.6 数据质量的重要性 ………………………………………………… 163
12.7 信息资产的质量评估 ……………………………………………… 165
12.8 谁有变革的力量 …………………………………………………… 166
12.9 高管的应知事项 …………………………………………………… 166
12.10 高管的应做事项 ………………………………………………… 168
12.11 如何创建、改进、管理和保持数据质量 ……………………… 168
12.12 失败的原因 ……………………………………………………… 169
12.13 如何最大限度地提高成功的概率 ……………………………… 170
12.14 思考题 …………………………………………………………… 170
12.15 参考文献 ………………………………………………………… 171

第13章 信息资产开发与利用的前提条件 …………………………… 172
13.1 内容介绍 …………………………………………………………… 172
13.2 本章摘要 …………………………………………………………… 173
13.3 领域9：信息资产利用 …………………………………………… 173
13.4 好与坏的表现 ……………………………………………………… 174
13.5 你最宝贵的资产 …………………………………………………… 174
13.6 为什么要让信息资产发挥作用：业务影响 ……………………… 176

13.7 信息资产发挥作用的前提条件 177
   13.7.1 珠宝店主案例 178
   13.7.2 律师事务所案例 178
   13.7.3 海军造船案例 179
13.8 思考题 179

第14章 信息资产投资合理性的举证难题 180

14.1 内容介绍 180
14.2 本章摘要 181
14.3 领域10：投资理由举证 181
14.4 好与坏的表现 182
14.5 投资理由举证模型 182
14.6 信息资产管理投资合理性的举证为何如此困难 184
   14.6.1 缺乏动机或催化剂 184
   14.6.2 合规需求通常是唯一的驱动因素 185
   14.6.3 信息资产管理在日复一日的忙碌中被忽视 186
   14.6.4 管理信息资产的成本未知 186
   14.6.5 信息资产的价值未知 187
   14.6.6 数据、信息和知识的价值具有情境性 188
   14.6.7 信息资产价值在企业出售时才能体现 188
   14.6.8 会计准则不能充分反映数据、信息和知识的价值 189
   14.6.9 有效管理信息资产的收益未被理解 189
   14.6.10 妥善管理信息资产的收益是无形的 190
   14.6.11 妥善管理信息资产的收益错综复杂 191
   14.6.12 妥善管理信息资产的收益难以量化 192
   14.6.13 在某些服务行业，效率低下更划算 192
   14.6.14 信息资产管理本身是非常乏味的 193
   14.6.15 人们总有自己的议程 193
   14.6.16 风险管理被视作一种负担 193

- 14.6.17 积极行动的理由 194
- 14.7 思考题 195
- 14.8 参考文献 196

第 15 章 管理信息资产以助推数字化转型 197
- 15.1 内容介绍 197
- 15.2 本章摘要 198
- 15.3 数字化业务转型的整体观 198
- 15.4 数字化业务转型的驱动因素 199
- 15.5 数字化业务转型的认知误区 201
- 15.6 信息管理是数字化业务转型的基础 202
- 15.7 信息资产管理与数字化转型相结合的优势 204
  - 15.7.1 实现"一数一源" 204
  - 15.7.2 及时无误交付 204
  - 15.7.3 提高操作效率 204
  - 15.7.4 提高协作效率 205
  - 15.7.5 满足合规要求 205
  - 15.7.6 服务未来创新 205
- 15.8 参考文献 205

第 16 章 接下来的行动指南 207
- 16.1 内容介绍 207
- 16.2 本章摘要 207
- 16.3 你的信息资产至关重要 208
- 16.4 本书内容摘要 209
- 16.5 我们的建议：下一步要做什么 212
- 16.6 我们的建议：下一步不要做什么 213
- 16.7 可用的资源 214
- 16.8 参考文献 215

附录：术语中英文对照 216

第 1 章

组织的核心职能及商业逻辑剖析

1.1 内容介绍

本章将探讨以下主题：
1）组织的职能。
2）组织为开展履职活动所配置的资产和资源。
3）高效且有效地配置组织资产和资源的重要性。
4）治理与管理。
5）无形资产及其价值。
6）统一术语的必要性。

本章将为后续内容的深入探讨奠定基础。理解组织的核心职能和商业逻辑是至关重要的第一步，因为它直接影响到资源配置的决策过程。每个业务活动、业务流程和业务决策都需要相应的资源来支持，而正确的资源配置是确保这些活动和流程高效执行的关键。

1.2 本章摘要

最成功的组织能够以最低的资源消耗为客户提供最大价值的产品和服务。这些组织在资源管理上的高效性体现在它们对各类资产和资源的综合利用上,包括金融资产(如资金)、有形资产(如包括硬件、软件在内的财产和基础设施)、人力资产(如人)和无形资产(如数据、信息、知识、人脉关系、品牌知名度和商誉)。组织的治理和管理模式决定了其如何开展活动和配置资源。在本书中,我们将提供对信息资产治理和管理的精确定义和解释,以增强其可理解性,进而帮助读者更好地理解和应用这些概念。

1.3 组织的职能

每个组织的存在都是为了实现其业务目标的。无论是商业组织、政府单位,还是非营利机构,其业务目标的实现均取决于客户价值交付。价值依赖于组织快速交付的价格诱人的质量过硬的产品和(或)服务,产品和服务的创建和交付依赖于组织的业务活动和流程的执行,而这些业务活动和流程又依赖于稀缺宝贵资源的配置(见图1.1)。

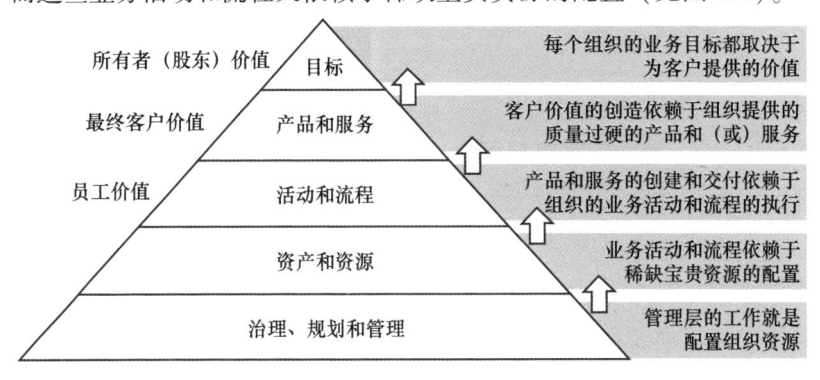

图1.1 组织的职能(来源:Experience Matters)

举例说明,澳大利亚的一家咨询公司涉及 9 项主要业务活动（见图 1.2），具体内容如下：

1）外环是主要活动，它们负责建立能力、提供服务。

2）中环是支持活动，它们负责为主要活动提供必需的资源，通常称之为公司服务。

3）中心是企业管理，它们负责提供治理、战略和规划。

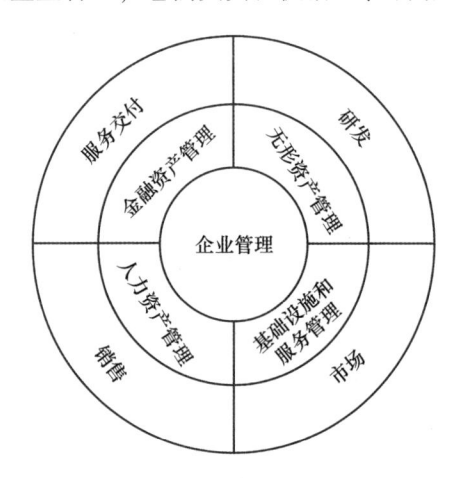

图 1.2 主要业务活动（来源：Experience Matters）

1.4 组织的资产

《牛津语言》（*Oxford Languages*）将资产定义为"有用或有价值的人或物"。现行的国际会计准则理事会框架将资产定义为"由于过去事件而由主体控制，并且预期未来经济利益将由此流入主体的资源"。资产可以：

- 被拥有和控制。
- 兑换现金。

- 为所有者创造未来经济效益。

在《企业的资源基础观》(Resource-Based View of the Firm) 理论中，杰伊·巴尼（Jay Barney）和理查德·鲁梅尔特（Richard Rumelt）等人强调了资产配置的重要性，特别是那些可以创造竞争优势的资产（见图1.3）。

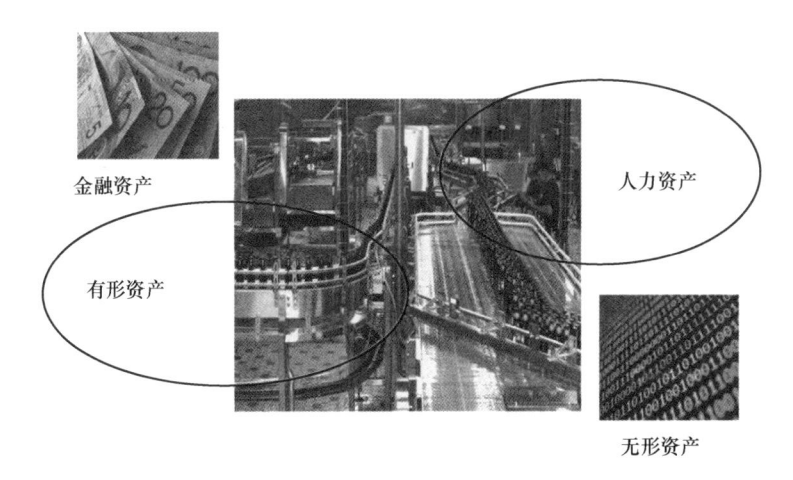

图1.3　4种资产类型（来源：Experience Matters）

资产的另一面是负债。《牛津语言》将负债定义为"一个人或一件事，其存在或行为可能使某人处于不利地位"。国际会计准则理事会已初步将负债定义为"主体因过去的事件而负有转让经济资源的现时义务"。

当一项资产的潜在收益由正转为负时，它就变成了负债。

1.5　高效且有效地配置资源的重要性

大多数高管考虑的是：

- 公司和（或）部门的宗旨、愿景、使命、目标和目的。
- 为实现这些目标和目的而实施的战略。
- 组织实际开展的业务，以及相应的业务活动和业务流程。
- 组织的潜在能力及其上限，这需要使用业务活动和业务流程顺利开展所涉及的可用资源作为佐证。
- 如何治理、管理和配置这些资源，以获得价值和成功概率的最大化。
- 还有可能包括组织特有的文化和语言环境。

在炎热的夏日，当我坐在海滩上时，我会思考如何制定年度预算、需要哪些不动产和基础设施来开展业务、将哪些人纳入我的团队，以及我们需要哪些知识产权来发展、保持和扩大我们的竞争优势。我们既不是银行，也不是采矿或运输公司（这里是指作者创设的 Experience Matters 公司——译者注），对我们来说，金融资产和有形资产只是用于维持公司的基本运营，它们的重要性有限；至关重要的是我们的团队，以及他们用来提供专家建议进而协助客户改善业务并取得成效的那些数据、信息和知识。如果我最重要的管理任务是"确保人力资产驱动业务发展"，作为一名高管，我的工作岂不是可以理解为：确保我们的战士为迎接挑战做好充分的准备？在这里，数据和信息就是我们这个战队的核心资产。我们希望这本书能够帮助你和你的团队，通过有效地控制和管理你所持有的重要的信息资产有力推动业务目标的实现。

如前所述，最成功的组织交付产品和服务为客户创造了最大的价值，同时消耗最少的资源。让我们来辨析一下。与传统的以会计为基础的"智慧"相反，管理层的工作不是推动业务绩效，而是尽可能以最高效且最有效的方式配置组织的稀缺和宝贵资源,如果做到了,那么业务绩效就会随之而来。

如表 1.1 所示,与资产相关的是风险、成本、价值、收益和伦理。这些业务影响将在第 5 章进一步讨论。

表 1.1 业务影响

缓释组织风险	
<ul><li>访问和安全(包括网络安全)</li><li>灾难恢复</li><li>业务连续性</li><li>诉讼与证据公开</li></ul>	<ul><li>合规</li><li>改善人身安全</li><li>抵御竞争</li><li>个人和公司声誉</li></ul>

让组织获益	让最终客户获益	让员工获益
<ul><li>增加收入</li><li>降低成本</li><li>盈利能力</li><li>生产力</li><li>增强竞争优势</li><li>减少错误和浪费</li><li>社会经营许可证</li><li>更高的股东回报</li></ul>	<ul><li>改进产品和服务开发</li><li>提高产品和服务质量</li><li>更快的交付</li><li>新产品</li><li>降低价格</li></ul>	<ul><li>更好的业务决策</li><li>员工和承包商的安全</li><li>更快的活动和流程</li><li>减少挫折</li><li>提高员工满意度和士气</li><li>提高员工的敬业精神</li><li>个人声誉</li></ul>

保持职业精神和职业道德
<ul><li>商业诚信是通过公正、合乎伦理、符合企业利益的行为来实现的</li><li>决定以次优方式管理业务(无论是主动还是被动)可以说是一种失职</li></ul>

(来源:Experience Matters)

1.6 治理与管理

一个组织的治理和管理模式决定了其活动开展的方式和资源配置的方式。

治理是指确定哪些决策必须做出,以及由谁做出这些决策,以确保管理的有效性(执行决策)[1]。约翰·拉德利(John Ladley)是企业信息管理(Enterprise Information Management,EIM)领域的资深专家，著有《让 EIM 服务于业务——理解信息作为资产和数据治理的指南：如何设计、部署和维持有效的数据治理程序》等大量的书籍[2]，他认为"治理就是监督和控制，意在做正确的事"[3]。管理是指实际做出并实施的决策，特别是关于资源配置的决策[4]。管理就是通过执行来实现业务价值，其核心是正确地做事。

至少存在两个层面的治理，即业务治理和资产治理。业务治理提供对整个组织的监督和控制，而资产治理则提供对特定资产类型（如金融资产、有形资产、人力资产、无形资产）的监督和控制。

这些至关重要的概念，我们将在第 7 章详细探讨。

1.7 无形资产及其价值

《牛津语言》（*Oxford Languages*）将无形资产定义为"既看不见也摸不着的资产"和"企业的非实物资产，如专利、商标、版权、设立费用和商誉"。

道格·兰尼（Doug Laney）是世界上最重要的信息经济学权威之一，信息经济学是一门重视数据、信息和知识作为战略商业资产的学科。道格在其《信息经济学》[5]中引用国际会计准则，将无形资产的关键属性定义为：

- 非货币性，没有物质实体。
- 能够被分离、出售、转让、许可、出租或交换。
- 主体可控制，即使用资产的权利和权力。
- 具有可能的未来经济效益，例如增加收入或降低成本。

表 1.2 列举了一些常见的无形资产示例，请留意这些无形资产中哪一些包括数据、文档、内容和知识，即信息资产。我们将在第 2

章讨论信息资产。

表 1.2 常见的无形资产示例

• 知识产权 • 专利 • 商标 • 数据 • 信息 • 已发布内容 • 知识 • 战略 • 组织能力 • 研究与开发 • 过程质量	• 企业文化 • 员工创新 • 员工技能 • 员工满意度 • 员工忠诚度 • 员工培训 • 与投资者的关系 • 商业信誉 • 企业声誉 • 产品声誉	• 品牌 • 与客户和供应商的关系 • 客户名单 • 客户满意度 • 客户忠诚度 • 分销协议 • 供应商专业知识 • 数据库 • 管理体系 • 技术流程

在组织可利用的 4 种类型的资产中，无形资产可以说是最有价值的（见图 1.4）。

标准普尔500指数成分股市值

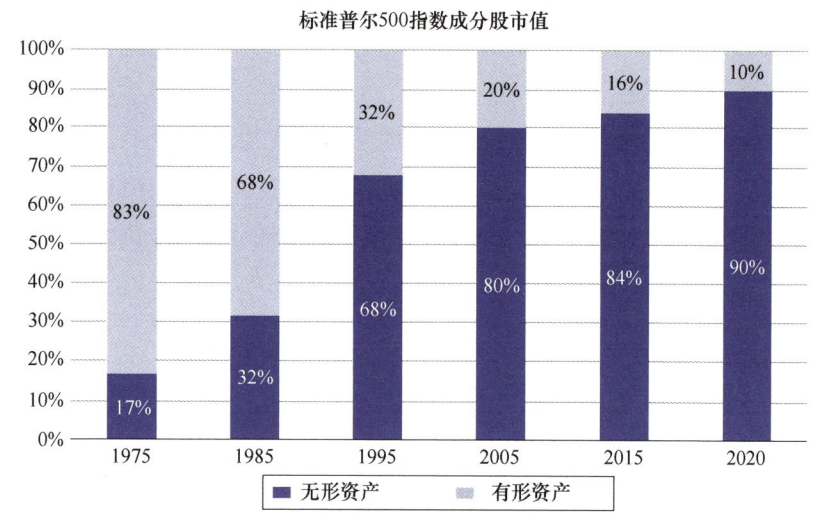

年份	无形资产	有形资产
1975	17%	83%
1985	32%	68%
1995	68%	32%
2005	80%	20%
2015	84%	16%
2020	90%	10%

图 1.4 有形资产和无形资产的市场价值（来源：Ocean Tomo）

世界经济正日益以服务为导向、以知识为基础。Ocean Tomo（2017）的研究表明，1975 年无形资产占标准普尔 500 公司（S&P500）市值的 17%。计算方法很简单——市场价值减去有形资产价值，差额就是该组织无形资产的价值。这一点很重要，因为标准普尔 500 指数（S&P 500 index）更多由传统企业组成，而纳斯达克指数（NASDAQ index）主要由新兴的技术和数据驱动的公司组成。

Ocean Tomo 在 2020 年 7 月发布的《无形资产市场价值研究》中显示，这个数字上升到了 90%。如果我们还没有意识到我们生活在知识经济时代之中，那么现在是时候认识到这一点了。

无形资产现在是大多数组织最有价值的资源之一。它们应该得到妥善管理。如果董事会未能治理，或高管未能管理、保护和利用公司宝贵的资产，这是一件好事吗？当然不是。那么，你应该怎么做呢？

因特里斯卡（Intrinsika）的无形资产管理专家迈克尔·马斯特森（Michael Masterson）指出：具有讽刺意味的是，大多数资本提供者、公司和顾问都专注于固定资产，结果导致大多数董事会、董事和高管无法理解：

- 他们自己的无形资产。
- 他们所面临的相关风险的程度。
- 无形资产对财务业绩的影响。
- 如何让他们的无形资产释放价值并驱动业务绩效[6]。

1.8 统一术语的必要性

准确且通用的语言是组织的一项关键业务属性，它使我们能够清晰地区分想法和术语，有效地处理信息及其含义，提高理解能力。统一业务术语有助于避免未经证实的假设、减少误解，从而减少错误、改善决策过程。在实践中，我们经常面临这样的挑战：不同的人可能对相同的术语有不同的理解。例如，一位高管在采访中指出："没有标准的语言和术语表，在组织外部，甚至在组织内部，让每个人在数据治理和数据管理技术方面使用相同的语言都是一项挑战。"

澳大利亚国防组织的例子展示了精确定义术语的重要性。他们明确区分了"Boat"（水下船只，如潜艇）和"Ship"（水面船只，如护卫舰或驱逐舰）这两个术语。这种区分对于操作安全和战术决策至关重要。相比之下，澳大利亚一所大学对"学生毕业典礼"有4种不同的定义，可想而知，这种定义的不一致可能导致怎样的混乱、低效、错误和返工，它必然影响学校的运营效率和声誉。

截至目前，我们已经给出了一些值得思考的问题，下面是第一组用于自我挑战的思考题。

1.9 思考题

1）你所在组织的职能是什么？它在哪里清晰且简明地记录着？

2）你配置了哪些资产（资源）来运营你的组织，用于开发和交付它的产品和服务：

① 金融资产（资金）？

② 有形资产（不动产、厂房和设备、计算机硬件）？

③ 人力资产（人）？

④ 无形资产？

⑤ 还有其他哪些资产（资源）？

3）在这些类型中，哪些资产和资源是关键的？记录在哪里？

4）在这些类型中，哪些资产和资源用于每个业务决策、每个业务活动以及每个业务流程？

5）在这些类型中,哪些资产和资源如果被盗或丢失是无法替代的?

6）资产登记册上有哪些资产和资源?

7）风险登记册上有哪些资产和资源?

8）你对各种类型的资产进行了哪些治理(即监督和控制)?

9）你的组织拥有哪些无形资产:

① 商誉?

② 品牌知名度?

③ 人脉关系资本?

④ 信息资产(数据、信息、内容和知识)?

⑤ 还有其他哪些无形资产?

10）无形资产对组织价值的贡献有哪些?这些贡献是如何计算的?

11）如果最成功的组织"交付产品和服务为客户创造了最大的价值,同时消耗最少的资源",那么你的组织如何有效地配置这些类型的资产来实现业务目标?这是如何衡量的?

12）如果你选择了"糟糕地治理和管理组织的资产",这算不算失职?

1.10 参考文献

[1] EVANS N, PRICE J. Responsibility and Accountability for Information Asset Management (IAM) in Organisations [J]. Electronic Journal of Information Systems and Evaluation (EJISE), 2014, 17 (1): 113-121.

[2] LADLEY J. Making EIM Work for Business - A Guide to Understanding Information as an Asset and Data Governance: How to Design, Deploy and Sustain an Effective Data Governance Program [M]. San Francisco: Morgan Kaufmann, 2010.

[3] LADLEY J. Interview [Z]. 2022-02-10.
[4] KHATRI V, BROWN C V. Designing data governance [J]. Communications of the ACM, 2010, 53 (1): 148-152.
[5] LANEY D B. Infonomics: How to Monetize, Manage and Measure Information As an Asset for Competitive Advantage [M]. New York: Routledge, 2018.
[6] MASTERSON M. Presentation [Z]. 2022.

第2章

常见的信息资产及其重要性探究

2.1 内容介绍

第1章主要讨论了：

1）组织的职能。
2）组织为开展履职活动所配置的资产和资源。
3）高效且有效地配置组织资产和资源的重要性。
4）治理与管理。
5）无形资产及其价值。
6）统一术语的必要性。

本章将深入探讨以下主题：

1）定义并描述信息资产。
2）发现信息资产的价值和脆弱性。
3）呈现信息资产的治理和管理过程。
4）辨析信息资产和信息技术。

信息资产是每个组织的生命线，每个业务活动、每个业务流程和每个业务决策都需要它们。它们应该得到妥善的治理和管理,但很少有人能够做到这一点。

2.2 本章摘要

我们将信息资产定义为组织内所有有价值的数据、记录、文件、内容和知识,它们无疑是宝贵的无形资产。没有数据、信息和知识,任何业务活动都无法进行,任何业务流程都无法执行,任何业务决策都无法做出。术语信息资产管理(Information Asset Management,IAM)指的是一系列流程和程序,它们用于配置信息资产以获得有意义的业务观点,并将这些观点在适当的时间以适当的格式提供给消费者。与其他类型的资产一样,信息资产也有其生命周期。如果能够对信息资产从创建到销毁的整个生命周期进行有效管理,那么它们将能够以最具成本效益的方式提供最大化的价值[1]。

2.3 信息资产是什么

我们将信息资产定义为"所有对组织有价值的数据(Data)、档案(Records)、文档(Documents)、内容(Content)和知识(Knowledge)",它们可以在以下地方找到:

1)所有媒体——纸质、数字、胶片、思维空间(head-space,作者将人的思想和认知也当作是一种重要的信息传播和接收的特殊媒体——译者注)。

2)所有格式——电子表格、电子邮件、图画。

信息资产是组织决策、活动和流程的可自主配置的输入,不包括:

1)金融资产——资金。

2)有形资产——财产和基础设施(包括计算机硬件和软件)。
3)人力资产——人。
4)无法或难以自主配置的无形资产——品牌知名度、关系资本和商誉。
5)负债。

信息资产可以被分级、分类和结构化。除了无形资产的属性外,信息资产还具有另一种不同寻常的属性——它们不像其他资产那样被消耗,并且可以在使用时不消失。事实上,它们往往会随着使用而变得更有价值[2]。

我们对数据、信息和知识进行了大致分类,见表2.1。

表2.1 数据、信息和知识

数 据	信 息		知 识
	文档	出版物内容	
结构化	非结构化		非结构化
显式的	显式的		隐性的
数据库、应用软件	盒子、光碟、图书馆、媒体、驱动器	内部网站、公网网站	人脑

随着我们对信息资产的意义和背景的不断丰富,我们能够激发更多的知识和洞察力,从而做出更明智的决策。这一过程,即从数据到知识的转变,有时被称为数据到知识的连续体。表2.2详细解释了这一概念。

表2.2 信息资产的背景和意义

状态	描 述	示 例
数据	数据是没有情境的原始字母、数字、图片等。数据可以存储在数据库中,并通过电子操作进行处理,通常是通过应用软件。在这个层次上,数据之间没有明显的显式关系	130890

（续）

状态	描述	示例
信息	信息包括文档、档案以及企业和网络的内容。信息是情境中的数据。 当数据具有意义并为用户增加价值时，它就成为信息	"13/08/90"或"1990年8月13日"
文档、档案及其管理	文档是为信息或证据提供结构的容器，以纸张、数字或其他形式存储。它可以多种格式表示，包括以网页形式发布的内容。 如果文档用于组织的业务交易或事务处理，并且需要作为该活动的证据而保存，则它成为档案并受档案管理规则和惯例的约束。 文档和档案管理的重点是控制文档的生命周期，即文档的创建、捕获、命名、存储、发布、访问、使用、编辑和重用、归档和最终销毁等	
知识	一般来说，知识是通过经验或联想获得的信念。它包括对事实及其含义之间关系的理解。知识是相关事实在特定情境中的适用性	我的伴侣出生于1990年8月13日
智慧	智慧是对知识的长期成功应用。《牛津英语词典》将智慧描述为"在特定社会或时期发展起来的知识和经验体系"。知识的获得通常伴随着生活经验，它是获得的意识，它是一个人、一个团体或一个组织所具备的一种特征	记住我伴侣的生日是明智的，给她买个礼物就更明智了
判断力	根据《牛津英语词典》的解释，判断力是"做出深思熟虑的决定或得出明智结论的能力"。它是智慧的一个子集，通常是在经验的帮助下做出来的	你会搞错的。带她一起去选择她想要的礼物

虽然这个表格列举的部分主题可能存在争议，但它有助于说明数据、信息、知识和智慧之间的差异。托马斯·C. 雷德曼（Thomas C. Redam）[3]指出，贝尔实验室的克劳德·香农（Claude Shannon）在1948年以减少不确定性为基础定义了信息[4]。

劳拉·塞巴斯蒂安-科尔曼（Laura Sebastian-Coleman）是数据治理著作《DAMA数据管理知识体系指南》的编辑，也是《穿越数据的迷宫：数据管理执行指南》一书的作者。正如劳拉所指出的：值得注意的是，这个连续体既不是线性的，即一个状态不会整齐地转变为下一个状态；也不是有限的，即知识可以反馈到数据的质量中。该量表假设数据是原始材料，而忽略了它对情境的依赖，需要知识和智慧来理解数据告诉我们什么。数据还将信息压缩成编码形式，使其更易于使用。因此，理解连续体，需要认识到信息资产的循环和迭代特征。

所有资产都会经历一个生命周期。以一艘船为例，它从构思、设计、建造、服役、使用、维护到退役，最终可能沉没或以其他方式被摧毁。如果在资产的整个生命周期中对其进行有效管理，那么资产将最具成本效益并能提供最大的价值。然而，许多有形资产在设计、建造、维护和退役过程中，并没有考虑其生命周期的其他部分。

有些产品和基础设施在规划、设计和建造时没有考虑它们的完整生命周期，即从最初的概念设计到最终的报废，这往往导致大量的额外工作和开支。例如，在 2009 年，一个专用公交车道的建设者因为设计不当，不得不以每天支付 2,000 澳元⊖的成本向测量员咨询 22 次，因为他们在建造时没有考虑后期的维护问题。另一个例子是在 2001 年，一家电力传输公司的工程师被召去评估并修复一个变电站的问题，他们发现变电站的图纸不可信，因而不得不亲自到现场查看实际情况，这也产生了相当大的费用。由此可见，对资产的生命周期采取全面的管理方法是值得的。

信息资产的生命周期如图 2.1 所示。规划、设计、管理和维护是一项连续不断的活动，它是一条贯穿整个生命周期的黄金线。

⊖ 除非另有说明，否则书中所有货币均为澳元。

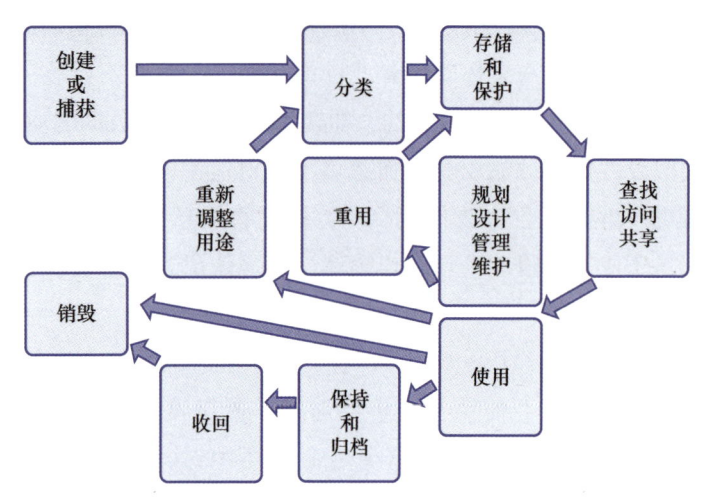

图 2.1　信息资产的生命周期（来源：Experience Matters）

2.4　信息资产的价值和脆弱性

在所有无形资产中，信息资产可以说是最有价值的。没有数据、信息和知识，就不能开展任何业务活动，不能执行任何业务流程，也不能做出任何业务决策。《领导者数据宣言》（*The Leader's Data Manifesto*）断言[5]："数据是驱动企业可持续发展的最佳潜能"，这一论断在第 5 章中得到了证实。

如第 1 章所述，只有在能够被发现和利用的情况下，数据、信息和知识才能被视作有价值的和有益的资产。如果信息资产不能被发现和利用，其潜在收益就会变成负值，它们很快就会从资产变成负债。第 5 章探讨了信息资产的管理方式、信息负债附带成本对业务的影响。

一个杰出的主席或首席执行官（CEO）对一个组织的价值是什么？这个人的知识、智慧和判断力的价值是什么？如果这个人离开，或者更糟的是,他遭受了职业生涯终结的灾难,对组织来说有什么风险?在疫情最严重的时候,如果一个委员会、县、州或国家知道每一个新型冠状病毒感染病例在哪里,那么它的价值是什么?信息资产对组织的价值是什么,以及妥善管理信息资产的收益是什么?这些主题也将在第 5 章中探讨。

信息资产也可以是极其脆弱的。安全与访问是信息资产管理中最重要的问题之一。你如何确保为正确的人提供正确信息的访问权?

2.5 信息资产治理和管理

在第 1 章中,我们将治理定义为"谁做出什么决策以确保有效的管理",它是关于监督和控制的。管理包括"制定和实施决策",它是通过执行来实现业务价值的。

国际数据管理协会(DAMA)将信息资产治理定义为"对信息资产管理行使权力和控制(计划、监视和执行)"[6]。所有组织都需要对数据、信息和知识做出决策,无论其是否具备正式的信息资产治理职能。那些建立了正式治理方案的组织,其行使权力和控制的意图更大[7],这样的组织能够更好地增加其信息资产价值[8]。

信息资产治理:

1) 对信息资产的质量进行问责。
2) 为以下方面提供战略框架:
    ① 信息资产控制。
    ② 信息资产质量的度量方法。
    ③ 营造识别信息资产的文化:价值、利益、管理。

术语"信息资产管理"(IAM)是指用于配置信息资产以获得有意义的业务见解,并在正确的时间以正确的格式将这些见解交付给消费者的流程和步骤[9]。它指导如何在整个生命周期中管理信息资产，确定哪些信息对实现组织目标是重要的。它确保数据、信息和知识被视为真正商业意义上的资产，并规避数据及内容滥用、监管审查相关的风险和成本。因此，组织中的每个人，特别是管理人员，都应该理解有效的信息资产管理对其组织的重要性。信息资产管理是每个人的工作。

在对《DAMA数据管理知识体系指南》的介绍中，劳拉·塞巴斯蒂安-科尔曼指出：

> 许多组织都认识到他们的数据是至关重要的企业资产，数据和信息可以让他们深入了解客户、产品和服务，可以帮助他们创新和实现战略目标。尽管认识到这一点，但很少有组织积极地将数据作为一种资产来管理，并从中获得持续的价值。

2.6 太阳底下没有新鲜事

数据、信息和知识的管理是新鲜事吗？不，这不是什么新鲜事。语言、故事和智慧已经代代相传了数万年。举个例子。

我们有证据表明，第一批澳大利亚人，即土著民族，已经在这片大陆上生活了至少5万年。超过250个民族以澳大利亚为家，每个民族都有自己独特的语言。几年前，在皮简特加特加拉（Pitjantjatjara）人的土地上，我和一些伙伴围坐在篝火旁。一个叫彼得的老人走过来，他是Pitjantjatjara地区的因袭主人和守护者，他说："我要教给你们白种人一点我的文化。"澳大利亚土著文化是口头文化而非书面文化，历史、法律、食物和水源，甚至是社会生存所需要的一切，都在歌曲中被捕捉和传播，被称之为"史歌"或"梦境时代"。彼得开始用古老的Pitjantjatjara语唱歌。他的话现在已经废弃了，但仍然是可以理解的，就像我们的单词"thee"和"your"和

"vouchsafe"一样。他唱了关于雪人的歌。Pitjantjatjara 地区上一次出现降雪是在上一个冰河时期,距今 11000 年。他的歌一字不差地代代相传了 11000 多年。这就是可靠的信息资产管理!

查尔斯·巴贝奇(Charles Babbage),英国数学家、哲学家、发明家和机械工程师,首创了数字可编程计算机的概念。据说巴贝奇早在 1864 年就指出:

> 分析领域的所有发展和操作,现在都能够由机器执行……一旦分析引擎存在,它将必然指导科学的未来进程[10]。

1942 年,在布莱切利公园,艾伦·图灵(Alan Turing)和他的团队制造了一台机器,破译了德国人的 Enigma 密码,为盟军提供了重要的情报。据估计,从这台机器获得的信息使第二次世界大战至少缩短了两年,挽救了至少 1,400 万人的生命。

20 世纪 80 年代,在一家全球 IT 供应商的澳大利亚总部 5 楼,到处都是从事文字处理器工作的打字员,茶水女工们推着手推车在大楼里穿梭,供应上午和下午的饮料。他们是完美的知识管理者,因为他们知道正在发生的一切。公司有接待员、秘书和档案管理员,文件一式三份,人们可以找到任何东西,我们可以找到所有东西。

关键在于,我们已经失去了对数据、信息和知识的妥善管理。

2.7 信息资产管理的好与坏

在本书中,我们将通过具体实例来阐述信息资产管理(IAM)的最佳实践和常见陷阱,最后使用表格来总结信息资产管理的好与坏。

信息资产管理的成功典型是澳大利亚国防军的一个分支机构,它是一个提供行业监督和保证的组织。该组织完全有机会创造良好的信息资产管理环境,其私下表露的目标是将数千亿澳元的支出减少三分之一,其他收益包括构建澳大利亚的自主能力,减少构建和部署该能力所需的时间,以及提高国家自我防御能力。非常好。

它的执行董事(Executive Director,ED,等同于 CEO)采用一种反常的方式进行管理。跟那些将决策权向上移交给组织最高层的传统管理模式不同,这里的决策权被下放到尽可能低的层次。组织中的每个人都了解自己的工作,了解组织对他们的期望,了解成功标准、度量标准,以及绩效奖励标准。为了最大限度地提高报酬,人们会做好自己应该做的事情,员工们会寻找积极主动和创造性的工作方式,以尽可能地提高效率。理所当然,员工和管理层都希望了解他们在达成目标的进程中走到了哪一步。

这就要求信息质量必须足够高。首先是为了绩效度量和奖励;其次,信息资产管理不善也会导致效率低下和浪费,阻碍员工实现其专业目标。

当谈及组织信息资产的治理和管理时,我们向执行董事确认:

> 你愿意对组织的数据、信息和知识管理负责吗?
> 为什么我要这样做?
> 因为信息资产管理是一个需要公司纪律的业务问题,而你是这个组织中(唯一)有权将标准和行为强加给业务各个部分的人。

执行董事表示赞同。当我向劳拉·塞巴斯蒂安-科尔曼讲述这个故事时,她将椅子拉近桌子并深鞠一躬,以表达她的敬意。真是令人印象深刻。

信息资产管理的失败典型是南澳大利亚州的一个政府机构。它们自认为可以创造:

1)一个高绩效的卓越组织。
2)一支创新、敏捷和协作的员工队伍。

3)为其主要客户,包括(该机构)雇员、(该机构)高管、(该机构)部长和中央政府机构,提供有效和高效的公共服务。

最终结果是,在没有行政人员关心或参与的情况下,安装一套财务软件、一套人力资源软件和一套电子文件和档案管理系统,形成了三个没有业务参与的 IT 项目。若非如此荒谬,这本该是个严重问题。但说到底,谁又会在意呢?反正花的都是纳税人的钱。

表 2.3 展示了信息资产管理"好的表现"和"坏的表现"的总结。

表 2.3 信息资产管理"好的表现"和"坏的表现"

"好的表现"	• **专注有力**:组织致力于为所有利益相关者带来改进、成果和利益。 • **理解价值**:信息资产的成本、价值和收益被理解、度量、正式认可,并定期向组织最高层报告。这表明存在一个模型,它可以确认无形资产、缓释风险、识别非财务利益。 • **持续改进**:基于持续改进的模式对数据质量进行投资。 • **问责机制**:高管对妥善的信息资产管理负有真正的责任并拥有相应的职权。信息资产管理是业务部门的责任。 • **行为得当**:通过企业纪律、KPI、度量指标和激励措施,鼓励良好行为,劝阻不良行为。数据质量、良好的决策、利益相关者的沟通、对我的利益(WIIFM)的理解(即:有针对性的利益)以及员工的专业性和满意度都很高。 • **战略视角**:重视数据、信息和知识的文化,将其视为至关重要的战略性商业资产,这种文化的持续不受组织和高管变化的影响
"坏的表现"	• **专注力度不够**:官僚主义窒息了变革、阻碍了业务改进,导致组织奄奄一息。组织注重风险和过程而不是结果,管理层更关心自己的利益,而不是组织的客户和其他利益相关者的利益。 • **价值认知不足**:高管不了解信息资产的成本、价值和收益。懒惰的会计认为只有成本的降低才是一种收益。 • **改进意识缺失**:信息由低薪酬的信息员负责管理,他们的工作描述包括:接听电话、给复印机补充纸张以及拆除订书钉。 • **行为管理不当**:信息管理常被视为成本中心,其成本支出被认为应当最小化,而非作为商业利益的来源。投资的合理性通常基于计算软件和硬件项目的资本支出来判断,而信息资产的管理往往由 IT 部门负责。 • **问责机制缺位**:没有人被问责,因此管理层没有兴趣执行信息资产原则、政策和标准。没有鼓励利益相关者的参与、良好的沟通,现实情况是:效率低下、决策失误、业务风险下不来、工作成果质量上不去、员工普遍不满意

2.8 信息资产的管理过程

在第 1 章中，我们解释了资金的管理模式。资金管理有一个确保财务信息单一真实来源的框架，它严格地记录和报告，拥有明确的权力和责任分配，以及真正的问责制度。我们注意到，人力和有形资产的管理也是如此。然而，信息资产却并非如此。

在第 1 章中我们还提到，国际财务报告准则和美国的公认会计原则不允许将信息资产资本化并将其纳入资产负债表，这使得对其进行会计处理变得非常困难［我国已于 2023 年 8 月印发《企业数据资源相关会计处理暂行规定》（财会〔2023〕11 号文），推动企业按照国家统一的会计制度对数据资源进行入表会计处理——译者注］。

奇怪的是，正如我们在序言中所指出的那样，一些董事会和高管很少关注组织信息资产的管理。因为没有相关的危机，也就没有行动的催化剂，他们看起来就像"公司版的瑞德·埃德尔（Red Adair）"，寻找最新的爆炸点并修复它（油井灭火英雄 Red Adair 是美国石油界的"铁人"——译者注）。而我们更愿意认为，少量的、适量的预防行动，默默无闻的、追求卓越的专业精神，才能让我们行稳致远。

我们已经断言，在组织可用的资产和资源中，其无形资产是最有价值的，占据了标准普尔 500 指数市值的 90%。而在我们的无形资产中，信息资产是最有价值的。

然而，组织通常无法有效地治理和管理其最宝贵的资产，他们并不能确切地认识到：我们组织的职能，它在生产过程中使用了哪些信息资产，这些资产的价值和脆弱性，或者谁将这些资产用于什么目的。他们不知道业务分类方案（会计信息图表）是什么，更不用说理解它的战略价值了。他们意识不到每个信息资产都应该有一个单独的位置，每个信息资产都应该在它应在的位置。他们不知道需要什么工具来管理他们的信息资产，比如元数据和安全模型。他们不追究任何人的责任，如果信息没有及时准确地提供给需要信息的人，很少有首席信息官会被解雇（如果有首席信息官的话）。他们不管理或测量数据质量。他们没有为妥善的信息资产管理行为提供激励。他们在数据质量提升方面没有持续投资，也没有认识到或衡量出这样做的收益。他们没有采用制定制度并严格执行的方式管理信息资产。

因此，如果你没有像管理我们的金融资产和其他资源那样，以同样的问责机制、规章制度及其严格执行来管理你的数据、信息和知识，那么是时候这样做了。

我们再深入一点，深挖一下这个问题的逻辑。如果：

1) 企业绩效是由其生产资源配置的效率和有效性驱动的。
2) 管理工作就是配置组织的稀缺和宝贵资源。
3) 对管理层来说，组织中最有价值的可配置资产是无形资产。
4) 组织最有价值的无形资产是它的信息资产。
5) 无论是主动还是被动，组织的高管都决定以次优方式管理其信息资产。

最终，决定以次优方式管理组织最有价值的资产，相当于决定以糟糕的方式管理组织，这是一种失职。

继续讲述我们在上文提到的全球 IT 供应商的故事。1987 年，人们以降低成本为理由将个人计算机引入到了整个组织，被缩减的成本主要对应于打字员、茶水女工、接待员、秘书和档案员的工资支出。然而，原本由他们承担的工作却没有消失，这些工作被打散并分配到了每个员工那里。在那一刻，与原有岗位有关的配套政策、培训指导等信息资产随之消亡，我们对于这些信息资产——也是最重要的资产的控制权也随之丧失。类似的信息资产管理失控的故事已经在世界各地重复了无数遍。

董事会和高管们通常认为，管理信息资产是一项必要的成本，而不是一个可以杠杆化和最大化的机会。他们放弃了自己的治理职责，并将责任委托给档案管理人员和信息技术部门，这些部门既没有权力也没有动力来管理这些资产。例如，南澳大利亚州一家大型政府机构，其信息管理团队工作描述中所涉及的任务包括"接电话、给复印机补充纸张和拆除订书钉"，显然不是什么高价值的工作。

在第 1 章中提到的"企业的资源基础观"（Resource-Based Approach）认为，信息不应被视为管理费用，而应被视为商业利益的来源。尽管这些资产很难解释，但它们具有重大的潜在利益，"仅仅因为无形资产不能被计入资产负债表，并不意味着它们不可以被计算和不应该被计算"[11]。这种专注于业务效益的方法特别适用于组织的企业信息资源。通常来说，对于信息成本较高的组织，将信息定位为重要的战略性商业资产是证明成本合理性的关键[12]。

2.9　高管同行的访谈选摘

在第 3 章中，我们阐述"信息资产有效配置障碍"的研究情况。在这项关于如何实现信息资产的妥善管理的研究中，我们采访了三大洲的高管。他们讲述了相似的故事，都是认知不足与机会错失，我们的受访者都是高级管理人员，以下是他们的部分评论：

> 一家工艺制造公司的首席执行官说："我们没有任命首席信息官或首席知识官，因为成本问题……这是一个非常初级的观点，一个非常战术性的观点，鉴于我对信息的重视程度，这是我们应该做的。我怎么能为不这样做找借口呢？这似乎不太明智，不是吗？"
>
> 当被问及是否会参与我们的信息资产管理研究项目时，一家金

融机构的董事会主席说:"说实话,我对这一领域了解不多,因此我真的认为我不能帮助你。"该机构实际上是一家拥有银行牌照的信息管理组织。

一家律师事务所的常务董事观察到:"信息资产不像组织的金融资产那么具象,因此它们没有得到同样的尊重,管理也更加随意。"

一位律师事务所的合伙人指出,"我们在各地都有大量的数据,但由于它们并没有关联起来,这完全是一个失败。"

另一位律师事务所的合伙人表示:"绩效管理并未将信息管理纳入考量,因此,消极或不当的行为并未带来不良后果。在我们的合作伙伴审查清单中,信息管理并未被包含在内。"

还有一位合伙人表示:"信息的管理不像金融资产(资金)那样严格,它就像粉笔和奶酪一样。"

一家金融咨询公司的董事会主席断言:"信息的质量以及其存储、维护和管理方式,远远落后于金融资产和其他资产。如果金融资产管理是高校水平,信息资产管理只是小学水平。"

一家银行的数据经理哀叹道:"我们花了很多时间修补桶上的洞,把它搞成各式的形状。但从根本上说,里面的东西是臭的。里面的东西不对劲,所以我们要修复它。我们多年来采取的方法是,将化学物质放入桶中,试图净化水。好吧,又有其他人来了,把更多的垃圾扔进桶里,让它再次受到污染。根本原因是我们没有真正看清问题根源,到底是什么导致了桶里的水被污染。"

澳大利亚一家金融机构任命了首席数据官(CDO),每个人都很兴奋。但是,由于她的级别比首席执行官低了四个等级,她是一个无足轻重的首席无事官(Chief Nothing),根本无法影响数据管理行为,管理层早已注定了她失败的宿命。

2017年，维多利亚州政府部门发布招聘广告，招聘"任何有兴趣在维多利亚州选举委员会担任令人兴奋的职位的人……档案管理员"。职位描述包括"行政助理，包括维护和安排邮政信贷、库存管理、邮资盖印机、特殊邮件有关的服务支持、救济品接收、餐饮服务、牛奶订购等"。

从上述引语和例子中可以看出，管理层对管理好组织的信息资产以及组织的绩效几乎没有明显的兴趣。

此前我们曾断言，"只有在能够被发现和利用的情况下，数据、信息和知识才能被视作有价值的和有益的资产"，发现和利用信息资产非常简单，你只需要知道它叫什么名字，放在哪个位置。

这就是问题所在。

没有正确的数据，世界上任何软件都无法正常工作。如果你把垃圾数据放入一个系统，你得到的结果只能是垃圾。

"垃圾进，垃圾出"的概念已经存在很长时间了。我们上面提到过的查尔斯·巴贝奇（Charles Babbage），在1864年说过：

> 有两次我被（国会议员）问："巴贝奇先生，如果你输入错误的数字，正确的答案会出来吗？"我实在难以领会那种混乱的思维，竟能促使当事人提出这样不合情理的问题[10]。

巧合的是，一位名叫威廉·梅林（William D. Mellin）的美国陆军专家，在1957年11月10日解释了这点：

> 如果问题被草率地编程实现，那么答案也将是错误的。如果程序员犯了错，机器也会犯错。它无法纠正错误，因为有件事情它无法做到——它不能独立思考。

你可以在技术上花费数百万美元，但如果组织的信息资产质量很差，那就毫无意义。美国一家大型卫生组织的首席执行官说："我在技术上的投资已经达到了可以光速接收垃圾的程度。"那么,我们为什么不关注数据、信息和知识的质量呢?

进一步说,目前世界上不存在自行获取所需数据的软件。没有任何软件能够自行在组织中游走,并自行厘清组织的职责,配置哪些资产,什么人执行了什么任务,每天使用哪些数据、信息和知识,这些信息资产对谁具有何种价值和脆弱性,应该将它们放置在哪里,如何命名它们,以及何时应该销毁它们,以确保正确的信息在正确的时间提供给正确的人。

人工智能以及 2022 年 11 月发布的 ChatGPT 等产品目前正在风靡全球。然而,ChatGPT 只能帮你查找信息,不能帮你管理信息。

与信息资产相关的风险、成本、价值、利益和伦理是情境相关的,情境需要判断力(见图 2.2),而判断力是人类的天性,仅凭软件无法胜任这项工作,还需要业务知识和良好的企业行为。良好的企业行为离不开全体员工的理解,以及井然的秩序和严明的纪律,组织必须像对待金融资产一样对待它们的信息资产——使用框架、工具、职责、问责。

图 2.2 人类思考并做出判断

在某些阶段,必须有人宣贯企业制度,以确保组织的关键信息资产能够随时提供给"好人",并保护它们不受"坏人"的伤害。

这不是一个网络问题——尽管网络在其中发挥了一点作用——这是一个信息资产管理问题。如果组织能够妥善管理其信息资产，那么合规、安全以及其他风险缓解措施就会从底部退出。购买软件并不能免除你的治理和管理责任。

我们的研究表明，管理层：

1) 放弃将组织信息作为商业资产进行管理的责任。
2) 将管理信息资产与管理交付信息资产的技术混为一谈。
3) 默认将信息管理的责任授予 IT 部门，而不是所属的业务部门。
4) 相信供应商宣称的，他们只要安装软件就能解决信息管理问题。

管理层需要停止寻找信息技术的银弹（见图 2.3），反过来要脚踏实地，采用制定制度并严格执行的方式，像管理金融资产一样来管理其信息资产。

图 2.3　银弹

　　在软件工程领域，"银弹"这个术语源自弗雷德里克·布鲁克斯（Frederick Brooks）的经典论文《没有银弹：软件工程的本质与偶然性》（No Silver Bullet—Essence and Accidents of Software Engineering），论文探讨了软件开发的复杂性并提出了一个观点：在软件工程中，不存在一种单一的技术或方法能够在十年内将生产率提高十倍。布鲁克斯借用"银弹"来比喻那种能够解决所有问题的神奇解决方案，旨在说明，在软件开发过程中，没有一种万能的解决方案能够像传说中的银弹一样，一击必杀解决所有问题。

——译者注

2.10 思考题

1）你的组织拥有并配置了哪些信息资产？企业的知识是否被视为一种资产？

2）其中，哪些是最有价值的？价值是如何计算的？

3）哪些是最脆弱的？脆弱性是如何识别的？

4）在无形资产对组织的贡献中，你的信息资产占比多少？这个贡献是如何计算的？

5）如果没有任何数据、信息或知识，你的组织价值几何？

6）信息资产什么时候会成为信息负债？

7）你的哪些数据、信息和知识是信息资产，哪些是信息负债？你为什么要抓住信息负债不放？

2.11 参考文献

[1] EVANS N, PRICE J. Responsibility and Accountability for Information Asset Management (IAM) in Organisations [J]. Electronic Journal of Information Systems and Evaluation (EJISE), 2014, 17 (1): 113-121.

[2] BAIDA Z. Data: The Most Valuable Resource [EB/OL]. Insights Unboxed, 2020 [2024-12-20]. https://insightsunboxed.com/data-the-most-valuable-resource-ziv-baida/.

[3] REDMAN T. Data Driven [M]. Boston: Harvard Business Press, 2008.

[4] SHANNON C E. A Mathematical Theory of Communication [J]. Bell System Technical Journal, 1948, 27 (3): 379-423.

[5] DATA LEADERS. The Leader's Data Manifesto [EB/OL]. https://dataleaders.org/manifesto/[2024-01-31].

[6] KNIGHT M. What Is Data Governance? [EB/OL]. Dataversity, 2021 [2024-

01-31]. https://www.dataversity.net/what-is-data-governance/
[7] SEINER R. Non-Invasive Data Governance: The Path of Least Resistance and Greatest Success [M]. Westfield: Technics Publications, LLC, 2014.
[8] DAMA INTERNATIONAL. DAMA-DMBOK: Data Management Body of Knowledge (2nd Edition) [M]. Westfield: Technics Publications, LLC, 2017.
[9] BHATT Y, THIRUNAVUKKARASU A. Information Management: A Key for Creating Business Value [EB/OL]. The Data Administration Newsletter, 2010 [2024-12-20]. http://www.tdan.com/view-articles/12829.
[10] BABBAGE C. Passages from the Life of a Philosopher [M]. London: Longman, Roberts and Green, 1864.
[11] HIGSON C, WALTHO D. Valuing Information as an Asset [R]. SAS the Power to Know, 2009: 1-17. http://faculty.london.edu/chigson/research/InformationAsset.pdf.
[12] EVANS N, PRICE J. Development of a Holistic Model for the Management of an Enterprise's Information Assets [J]. International Journal of Information Management, 2020, 54.

第 3 章

妥善治理和管理信息资产的障碍

3.1　内容介绍

通过第 2 章，我们一起：

1）定义并描述了信息资产。
2）发现了信息资产的价值和脆弱性。
3）呈现了信息资产的治理和管理过程。
4）辨析了信息资产和信息技术。

本章将进一步探讨以下主题：

1）描述我们对信息资产管理障碍的研究。
2）陈述调查研究结果。
3）阐明每个已识别的障碍。
4）识别导致信息管理失效的根本原因。

我们认为，深刻理解组织的职能和运转逻辑对于确定每个业务活动、每个业务流程和每个业务决策所需的资源至关重要。此外，我们认为信息资产是组织的生命线，但它们往往没有得到与其价值相匹配的妥善管理。在本章中，我们将深入探讨治理和管理这些重要商业资产时所面临的障碍，为你提供解决这些障碍的参考，从而改善信息资产的管理。就像房间里有黄蜂时——你需要先看到它，才能采取措施。

3.2 本章摘要

本章详细介绍了我们的研究方法，旨在通过务实、严谨和学术可靠的研究来识别有效配置信息资产的障碍，评估现有信息管理实践的业务影响，探索组织改善信息资产管理的可用措施，并量化这些措施的潜在收益。我们的研究方法包括对 70 多位 CxO 级别的高管进行个人访谈，这些高管包括首席执行官（CEO）、首席财务官（CFO）和其他高级管理人员。我们试图通过这些访谈深入了解领导者如何看待他们组织的信息资产管理，以及他们如何评估与这些资产相关的风险、成本、价值、效益和伦理问题。调查结果揭示了以下几个关键问题：

1）管理层对信息资产重要性的认识和理解不足。
2）无法证明信息资产管理方面的投资是合理的。
3）在业务和资产层面缺乏治理机制。
4）信息资产在领导力和管理方面存在不足。
5）信息资产在支持系统及实践方面存在局限性[1]。

3.3 我们研究的动因

信息资产是组织塑造高效且有效交付产品和服务能力的关键所在。我们研究过的每个组织都认识到，它拥有对自己有价值的数据、信息和知识。Ocean Tomo 的研究表明，无形资产的贡献占据了标准普尔 500 指数市值的 90%；Experience Matters 的行业知识表明，通过改进信息资产管理,每位知识工作者可望获得至少每年 20,000 澳元的实际收益,我们将在第 6 章中具体探讨。

政府和企业部门的管理层都意识到,这些资产得到充分理解、妥善管理并在战略管理过程中发挥关键作用是至关重要的。人们普遍认为,信息资产的有效管理对组织的成功越来越重要。

证据十分确凿。斯图尔特·汉密尔顿(Stuart Hamilton)写道:

> 我最近在阅读《有效配置信息资产的障碍》,这篇论文揭示了我们日常忽视的现象,就像那些遮掩一切的平淡墙纸,一旦我们理解了它背后的商业逻辑,就会在多个层面产生深刻的共鸣。
>
> 尽管我们从事信息管理业务,并在信息技术和数据收集上投入巨大,但却未能充分认识到信息作为战略资产的价值。在营销决策和销售资源配置方面,我们往往未能严格依据目标市场信息来指导行动。同样,在产品设计和开发过程中,我们也没有精确掌握终端用户和市场的具体需求。
>
> 尽管我们掌握着丰富的数据资源,但缺乏统一的数据收集策略,这严重限制了数据在满足关键信息需求方面的有效性。每位决策者都在努力从现有的数据中提取有价值的观点,但由于缺乏统一且高效的信息管理策略,这一过程往往变得低效且充满挑战。
>
> 我们必须找出问题的关键。比如"谁需要哪些信息、出于何种目的,以及他们如何获取这些信息",进而分析"将信息管理作为战略投资的成本效益是多少"。
>
> 作为致力于数据驱动决策的智者,我们往往忽视了对某些基础概念的深入掌握。埃文斯和普莱斯(Evans and Price, 2012)的著作[1]提供了对这些核心概念的深刻见解,应该成为每位高管和企业家的必读之作……我坚信你已经揭示了 21 世纪经济发展中生产力提升的最大障碍,尽管这一点鲜为人知。

在第 2 章中展示的实证研究表明，许多组织在信息资产管理上的努力并未达到预期效果。这些组织倾向于采取成本最小化的策略，这通常意味着在短期内减少开销，但这种做法忽视了信息资产作为战略资源的长期价值，可能导致组织在降低风险、提升效益和增强竞争力方面错失机会。我们研究的每个组织都承认，其信息资产管理尚未达到理想水平（见表 3.1）。

表 3.1　信息资产的管理情况

我们的大量实证研究结果表明，妥善管理信息资产有助于： 1）降低业务风险。 2）保护公司和个人声誉。 3）提高竞争优势。 4）改善产品和服务的交付。 5）推动运营和财务效益。 6）提高员工的专业水平和士气	我们的大量实证研究结果表明，高管们根本不在乎。他们： 1）不了解信息资产。 2）没有被问及信息资产。 3）不知道如何管理信息资产。 4）无法评估度量管理信息资产的成本、价值、效益。 5）存在其他的优先事项

信息资产的价值与收益之间的不一致性，以及信息资产治理和管理的不足，构成了一个明显的业务矛盾——这正是我们研究的核心业务矛盾。

然而，许多人并未将这种矛盾视为一个亟待解决的问题，也未将其视为一个可以利用的机会。为了改变这种观念，我们需要提供信息资产管理如何影响业务风险和绩效的现实证据，并提升全球学术界、媒体界和商界对这一问题的认识。

最根本的问题是，为何会存在"有效管理信息资产的障碍"。这个问题构成了我们研究工作的基础。我们工作的目的是进行务实、严谨，并且学术上可靠的研究，以确定"有效管理信息资产的障碍"、现有信息管理实践的业务影响、组织改善信息资产管理的可用措施及其收益。我们正在识别领导者在组织信息资产管理方面的思考方式，以及与这些资产相关的风险、成本、价值、收益和伦理。

3.4 我们研究的方式

我们研究的总体目标是在全球范围内唤起对信息资产管理重要性的认识：

1）信息资产管理对组织至关重要。
2）信息资产管理能够被改进。
3）信息资产管理能够带来显著的商业价值。

我们在规划研究项目时，遵循了以下三个原则：

1）独特性（Uniqueness）——必须具有创新性。
2）相关性（Relevance）——必须能够通过"成效如何"的测试。
3）完整性（Integrity）——必须无可非议。

遵循以上三个原则：

1）我们进行了独特的研究，旨在验证或否定我们基于思考和经验形成的假设。我们所做的是真正的研究，类似于联邦星舰企业号那样"勇闯前人未至的领域"（联邦星舰企业号是《星际迷航》系列电影中星舰的名称——译者注）。

2）本项目在实践中也通过了"成效如何"的测试。那些采纳了我们研究结果的组织，在他们的信息资产管理项目中取得了显著的成功。正如格雷格·皮尔斯（Greg Pearce）所言，"在我们整个投资组合中，没有其他项目能更快地带来更大的成果，并且使员工满意度更高"。

3）本项目在学术上也能够经得起考验，它通过了伦理审查和同行评审。

我们对研究收到的反馈感到非常满意。除了斯图尔特·汉密尔顿（Stuart Hamilton）和劳拉·塞巴斯蒂安-科尔曼（Laura Sebastian-Coleman）的好评之外，道格·兰尼（Doug Laney）断言："你的工作是了不起的……你的研究是开创性的。"Mike Orzen& Associates 公司创始人兼总裁、新果卓越运营奖获得者迈克·奥尔森（Mike Orzen）写道："我们认为 Experience Matters 所做的是一项极其重要的伟大工作……研究结果……证明了他们的全球思想领导力和实践……你们做得很棒。"

此外，还有许多其他公司的董事会成员和高管参加了访谈，主要包括澳大利亚铁路轨道公司、贝尔直升机公司（美国）、波音公司（美国）、开普敦市（南非）、ConWay 公司（美国）、EDS 公司（美国）、Glacier 公司（南非）、惠普公司（美国）、Lowes 公司（美国）、澳大利亚国民银行、Sanlam 公司（南非）、Verizon 通信公司（美国）和富国银行（美国）等，受访者名单如表 3.2 所示。

表 3.2 研究参与者（受访者名单）

受访者	角　　色	行　业	位　　置
1	数据管理（Data Management）	金融业	墨尔本
2	营销总监（MD）	招聘业	阿德莱德
3	管理合伙人（Managing Partner）	法律业	阿德莱德
4	董事会（Board）	金融业	阿德莱德
5	首席财务官（CFO）	金融业	阿德莱德
6	首席财务官（CFO）	公用事业-铁路	阿德莱德
7	首席知识官（CKO）	公用事业-天然气	阿德莱德
8	首席知识官（CKO）	州政府机构	阿德莱德
9	首席财务官（CFO）	金融业	阿德莱德
10	首席执行官（CEO）	制造业	阿德莱德
11	首席财务官（CFO）	服务业	阿德莱德
12	首席财务官（CFO）	资源产业	阿德莱德
13	首席财务官（CFO）	金融业	阿德莱德
14	首席执行官（CEO）	通信技术产业	开普敦
15	首席信息官（CIO）	金融保险业	开普敦

（续）

受访者	角色	行业	位置
16	首席信息官（CIO）	金融业	开普敦
17	首席信息官（CIO）	地方政府机构	开普敦
18	首席信息官（CIO）	国家政府机构	马里兰州哥伦比亚
19	首席信息官（CIO）	地方政府机构	马里兰州哥伦比亚
20	首席信息官（CIO）	国家政府机构	马里兰州哥伦比亚
21	首席信息官（CIO）	酒店业	马里兰州哥伦比亚
22	IT服务副总裁（VP）	教育领域	得克萨斯州达拉斯
23	首席执行官（CEO）	通信技术产业	得克萨斯州达拉斯
24	IT总监	生产制造业	得克萨斯州达拉斯
25	首席信息官（CIO）	通信技术产业	得克萨斯州达拉斯
26	研究员	通信技术产业	得克萨斯州达拉斯
27	首席信息官（CIO）	通信技术产业	得克萨斯州达拉斯
28	首席执行官（CEO）	通信技术产业	得克萨斯州达拉斯
29	综合临床服务主任	健康领域	俄勒冈州波特兰
30	应用开发副总裁（VP）	交通领域	俄勒冈州波特兰
31	信息管理服务总监	制造业	俄勒冈州波特兰
32	信息管理服务总监	零售业	北卡罗来纳州穆尔斯维尔
33	高级副总裁（VP）	金融业	北卡罗来纳州夏洛特
34	IT服务副总裁（VP）	生产制造业	南卡罗来纳州米尔堡
35	营销和品牌策略师	酒店业	伊利诺伊州芝加哥
36	总监	金融业	伊利诺伊州芝加哥
37	营销和品牌策略师	营销领域	伊利诺伊州芝加哥
38	软件执行官	通信技术产业	伊利诺伊州芝加哥
39	销售及营销专员	通信技术产业	伊利诺伊州芝加哥
40	数据治理主管	健康领域	伊利诺伊州芝加哥
41	总监	金融业	伊利诺伊州芝加哥
42	高级总裁	金融业	伊利诺伊州芝加哥
43	客户总监	咨询服务	伊利诺伊州芝加哥

（续）

受访者	角色	行业	位置
44	律所拥有者	司法行业	比勒陀利亚
45	管理总监	司法行业	比勒陀利亚
46	总监	司法行业	比勒陀利亚
47	董事会主席	司法行业	比勒陀利亚
48	总监	司法行业	比勒陀利亚
49	律师	司法行业	约翰内斯堡
50	合伙人、信息主管	司法行业	约翰内斯堡
51	合伙人	司法行业	比勒陀利亚
52	主席	国防保险业	阿德莱德
53	主席	公用事业	阿德莱德
54	主席	社会关怀	阿德莱德
55	主席	金融业	阿德莱德
56	首席信息官（CIO）	司法行业	阿德莱德
57	首席信息官（CIO）	国防部门	阿德莱德
58	首席信息官（CIO）	保险业	阿德莱德
59	首席信息官（CIO）	健康业	阿德莱德
60	业务培训主管	政府	阿德莱德
61	首席信息官（CIO）	教育领域	阿德莱德
62	管理合伙人	司法行业	阿德莱德
63	总监	司法行业	阿德莱德
64	首席运营官（COO）	司法行业	墨尔本
65	首席运营官（COO）	司法行业	阿德莱德
66	首席运营官（COO）	司法行业	阿德莱德
67	信息技术与网络安全总监	政府	马里兰州蒙哥马利县
68	律师	司法行业	华盛顿特区
69	首席运营官（COO）	司法行业	华盛顿特区
70	股权合伙人	司法行业	马里兰州盖瑟斯堡
71	数据管理经理	政府司法部门	马里兰州蒙哥马利县
72	律师	司法行业	悉尼

3.5 我们研究的结果

经过深入讨论,我们将多年项目实践中的数百项研究结果和引文进行了系统整合,并对这些丰富的发现进行了细致分类。为了实现有效分类,我们对研究结果进行了深入的根本原因分析,不断探究"为什么",直至达到问题的核心。我们发现,糟糕的信息资产管理最终可以追溯到"管理不善"这一根本原因。然而,这一发现过于笼统,不足以指导具体的行动。为了使研究成果更具操作性,我们进一步回溯到"管理不善"之前的原因,并据此将研究成果归纳为5个主要类别,即:

1)高管缺乏对信息资产重要性的认识和理解。
2)缺乏举证模型,无法为信息资产管理的投资提供正当理由。
3)业务和资产层面都缺乏治理。
4)缺乏对信息资产的领导和管理。
5)支持系统和实践方面的有关障碍。

3.5.1 发现1:认知与见解

我们采访的高管认为,在意识和理解方面存在以下障碍:

1)未认识到问题。许多组织并没有意识到未能有效管理其信息资产所带来的风险。
2)信息资产管理领域的专业培训和教育不足,特别是高等教育、研究生和高管教育,职业教育更是稀缺。
3)知识传承成为组织面临的一项重大挑战。
4)员工退休或离职时,往往会带走他们的信息资产。

我们将在第6章深入探讨高管意识的问题。

3.5.2 发现2：投资理由举证

我们的高管访谈揭示了一个令人沮丧的现象：在投资理由举证方面遇到的障碍不仅数量众多，而且解决难度也巨大。这些障碍主要包括：

1）缺乏有效的催化剂或激励机制来推动信息资产的妥善管理。

2）信息资产管理的不足很少直接导致显著问题。

3）在某些企业，尤其是服务行业，不采取行动反而可能更经济。

4）信息资产管理常常在日常运营中被忽视，这在快速发展的组织中尤为常见。

5）信息资产管理常常被视作非紧急问题，它的优先级不高。

6）诸如不稳定的经济环境之类的外部压力，会影响企业对信息资产的管理。

7）通常只有在经历危机或严重财务损失后，组织才会改变对信息资产管理的态度。

8）合规需求往往是推动信息资产管理的唯一因素。

9）信息资产管理的成本通常是未知且未被记录的，这可能是因为会计准则不允许或成本本身难以确定。

10）信息资产的价值及其管理方式尚不明确。

11）数据、信息和知识的价值取决于时间敏感性、管理质量以及专业知识的应用。

12）会计制度不允许企业评估信息资产并将其记录在资产负债表上。

13）信息资产有效管理的收益尚未被充分认识。

14）妥善管理信息资产所带来的收益往往是无形的资产。

15）信息作为一种无形资产，其价值衡量不如有形资产那样直接。

16）妥善管理信息资产的收益往往涉及多个方面并且相互交织。

17）妥善管理信息资产的具体收益难以明确。例如，如果信息资产的妥善管理提升了生产力，可以减少某些员工的一部分工作量，你如何解聘一部分员工（保留80%，解聘20%）？

18）管理团队通常希望了解他们的投资能带来多少直接的现金回报，但这对于无形资产如知识而言，往往难以实现。

19）数据、信息和知识作为业务流程的催化剂，为企业贡献了价值，但评估其内在价值却颇具挑战。

20）信息资产管理往往被视为一项乏味的任务。

21）每个人都有自己的目标和计划。

22）风险管理常常被看作是一种负担。

我们将在第14章深入探讨投资理由举证的问题。

3.5.3　发现3：治理

在整个采访过程中，高管们普遍关注投资理由举证的问题。然而，我们的实证研究表明，专注于治理，尤其是业务层面的治理，可能是实现信息资产管理成功的最大潜力所在。一位董事会成员指出："从董事会的视角来看，除非出现问题，否则数据、信息和知识通常是不可见的，它们不在我们的监控范围内。许多董事会成员并未将信息管理视为一个重大风险，因此它往往未能成为议程的重点。教育董事会成员具有非常大的挑战性，除非管理团队能够将信息管理的重要性提升到董事会层面，否则很难如愿。"我们在第7章将更深入地探讨董事会成员的角色。

关于业务和资产的治理，我们将分别在第7章和第9章中进行更详尽的讨论。

3.5.4 发现 4：领导力与管理

我们采访的高管认为，领导和管理类别下的障碍包括：

在采访中，高管们指出领导和管理层面存在多项障碍，包括：

1）信息资产管理缺乏高层支持。

2）不能容忍错误。这抑制了大家执行复杂、不明确、企业级计划的意愿（例如：妥善管理信息资产）。

3）管理者认为他们对组织的理解使他们能够操纵和规避信息系统的变化。

4）妥善管理信息资产的努力并未得到奖励或认可。

5）尽管许多组织制定了 IT 或数字化转型战略，但他们缺少信息资产管理愿景，管理者更关注信息技术而非信息管理。

6）组织缺少将信息作为企业资产进行管理的机制。因此，数据和信息要么以电子形式散布在个人硬盘和陈旧系统中，要么以硬拷贝的形式存储在不同的物理位置并由多台计算机访问。

7）信息往往处于孤立状态，难以被发现、利用和共享。

8）变革遭受抵制。

9）许多员工和管理者未能充分认识到信息的价值，也未能意识到有效管理信息的收益。

10）人们往往更关注个人利益而非组织利益。

11）最后，可能也是最关键的，员工只对考核和奖励感兴趣。

我们将在第 8 章就领导力和管理问题进行更详尽的讨论。

3.5.5 发现 5：支持系统及实践

高管们在我们采访中指出，信息资产管理的支持系统及实践方面存在以下障碍：

1）业务术语不精确。例如，在第 1 章中提到，一所大学对"学生毕业典礼"一词竟有 4 种不同定义,这如何能有效地管理一个组织?

2)会计准则通常未将信息资产纳入核算范围。我们将在第 14 章深入探讨这个问题。

3)信息技术基础设施存在缺陷。在第 10 章将提供这方面的更多细节。

4)维护高质量的数据和信息过于困难,导致员工的积极性不高。在第 11 章将深入讨论信息资产管理的行为模式。

我们的调研识别了有效管理信息资产的障碍,摘要如图 3.1 所示。

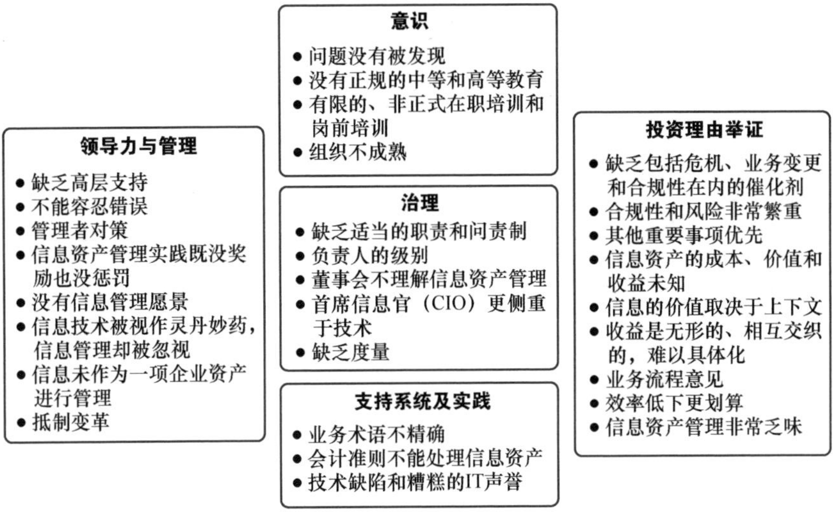

意识
- 问题没有被发现
- 没有正规的中等和高等教育
- 有限的、非正式在职培训和岗前培训
- 组织不成熟

领导力与管理
- 缺乏高层支持
- 不能容忍错误
- 管理者对策
- 信息资产管理实践既没奖励也没惩罚
- 没有信息管理愿景
- 信息技术被视作灵丹妙药,信息管理却被忽视
- 信息未作为一项企业资产进行管理
- 抵制变革

治理
- 缺乏适当的职责和问责制
- 负责人的级别
- 董事会不理解信息资产管理
- 首席信息官(CIO)更侧重于技术
- 缺乏度量

支持系统及实践
- 业务术语不精确
- 会计准则不能处理信息资产
- 技术缺陷和糟糕的IT声誉

投资理由举证
- 缺乏包括危机、业务变更和合规性在内的催化剂
- 合规性和风险非常繁重
- 其他重要事项优先
- 信息资产的成本、价值和收益未知
- 信息的价值取决于上下文
- 收益是无形的、相互交织的,难以具体化
- 业务流程意见
- 效率低下更划算
- 信息资产管理非常乏味

图 3.1 信息资产有效管理的障碍摘要(来源:James Price)

总体而言,我们的实证研究揭示了组织在网络安全之外,往往缺乏对以下方面的关注:

1)董事会或高级管理层对数据、信息和知识管理的兴趣。

2)对组织资源的了解,以及如何有效利用这些资源开展关键业务活动。

3）对信息资产进行实际或相对估值。

4）对信息资产管理成本的认识。例如，每次使用电子邮件、创建设计图、撰写合同或组织会议时，都在配置数据、信息和知识资产，并产生成本。

5）理解和应对信息资产管理中的风险与利益，以及提出深刻的、富有洞察力的问题。

6）倾向于将信息资产管理视作文化问题，明确并认可它所带来的收益。

3.6 研究结果的验证

在初步研究结果发布之后，我们为了深化对问题根本原因的理解，开展了进一步的研究工作。这一过程中，我们有幸邀请到数据和信息治理领域的专家，他们无私地分享了自己的专业见解和实践经验，为我们的研究增添了宝贵的深度和广度。图3.2所示的鱼骨图展示了我们的最终发现——信息资产有效管理的障碍。

根本原因分析（Root Cause Analysis，RCA）是一个强大的工具，它可以帮助组织深入挖掘并识别阻碍有效管理信息资产的潜在障碍。为了进一步深化我们的研究成果，我们还邀请了多位领域专家对已有的分析进行完善。

这些专家包括《数据质量管理十步法：获取高质量数据和可信信息》的作者达内特·麦吉利夫雷（Danette McGilvray）和"数据医生"汤姆·瑞德曼（Tom Redman），汤姆·瑞德曼是《数据驱动》（Data Driven）和《数据领先》（Getting in front on data）的作者，他定期在《哈佛商业评论》（Harvard Business Review）和《麻省理工斯隆管理评论》（MIT Sloane Management Review）上发表文章。

第 3 章　妥善治理和管理信息资产的障碍　//　47

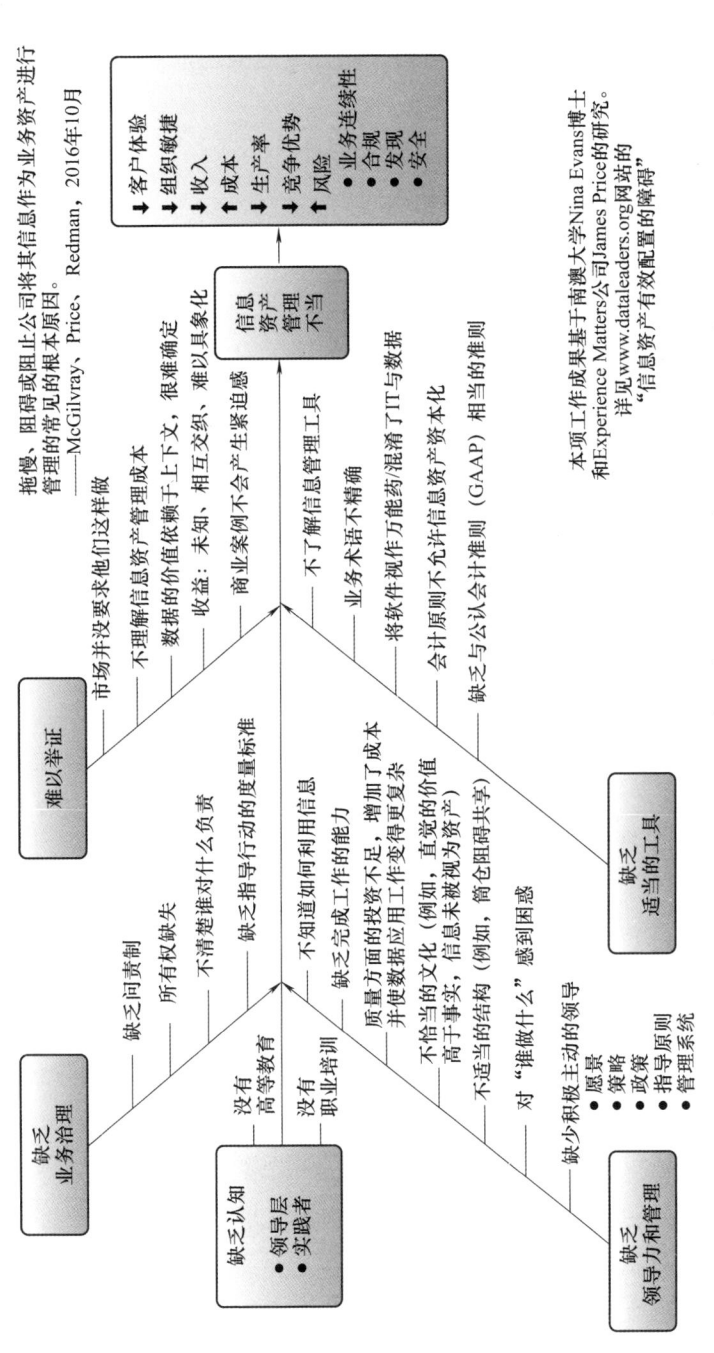

图3.2　信息资产有效管理的障碍（来源：James Price）

拖慢、阻碍或阻止公司将其信息作为业务资产进行管理的常见的根本原因。
——McGilvray、Price、Redman，2016年10月

信息资产管理不当：
↓ 客户体验
↓ 组织敏捷
↓ 收入
↑ 成本
↓ 生产率
↓ 竞争优势
↑ 风险
● 业务连续性
● 合规
● 发现
● 安全

本项工作成果基于南澳大学Nina Evans博士和Experience Matters公司James Price的研究。详见www.dataleaders.org网站的"信息资产有效配置的障碍"

难以举证：
- 市场并没要求他们这样做
- 不理解信息资产管理成本
- 数据的价值依赖于上下文，很难确定
- 收益：未知、相互交织、难以具象感
- 商业案例不会产生紧迫感
- 不了解信息管理工具
- 业务未表达不精确
- 将软件视作万能药混淆了IT与数据
- 会计原则不允许信息资产资本化
- 缺乏与公认会计准则（GAAP）相当的准则

缺乏业务治理：
- 缺乏问责制
- 所有权缺失
- 不清楚谁领导对什么负责
- 缺乏指导行动的度量标准

缺乏认知
领导层
实践者：
- 没有高等教育
- 没有职业培训
- 不知道如何利用信息
- 不给成完成工作的能力
- 质量方面的投资不足，增加了成本
- 不恰当的文化（例如，直觉被视为资产）
- 缺乏数据应用工作变得更复杂
- 不恰当的结构（例如，信息未被视为资产）
- 对"谁做什么"感到困惑

缺乏适当的工具

缺乏领导力和管理：
- 缺少积极主动的领导
- 愿景
- 策略
- 政策
- 指导原则
- 管理系统

达内特·麦吉利夫雷和汤姆·瑞德曼对上述鱼骨图中根本原因分析的补充解释如下。

（1）治理

1）目前存在管理责任不明确问题。

汤姆·瑞德曼[2]指出：

> 确定谁"拥有"动态数据或应负责管理它们往往颇具挑战。有人可能认为客户服务部门是数据的所有者，因为它们生成了这些数据；其他人可能主张订单执行、库存管理或其他相关部门才是数据的所有者，因为它们的运转依赖这些数据；还有人认为IT部门才是数据的所有者，因为它们负责维护传输数据的计算机系统。每个观点都有其利弊，但遗憾的是，在许多组织中，这个问题往往被忽视。

2）不明确谁应承担哪些责任。

汤姆·瑞德曼进一步指出：

> 避免陷入"如果数据在计算机中，那就一定是IT部门的责任"这一误区，可以为组织带来显著的收益。组织应当树立一种观念，即数据和信息是业务的核心部分，各个部门都应对其生成的数据质量负责，并确保相关人员能够方便地获取所需数据。

麦吉利夫雷[3]赞同"责任意味着每个相关人员都应该就数据质量承担应有的责任。数据管理任务应由那些清楚了解自己角色和职责的人来执行"。劳拉·塞巴斯蒂安-科尔曼指出，普华永道（PwC）2001年的一项调查得出的结论显示，"人们认为IT部门应对数据管理问题负责""数据管理的责任被放在了错误的位置"[4]。

3）缺乏度量指标来指引行动方向。度量指标提供必要的透明度，应根据指标采取适当的行动。很少有组织持续监控其信息资产质量，这极大地增加了持续改进信息资产管理实践的难度。

(2) 领导力与管理

1) 不了解如何有效利用其信息资产。

汤姆·瑞德曼认为，许多组织未能认识到信息资产在以下几方面的潜在价值：

① 提高决策质量。

② 提升创新能力。

③ 将数据整合到产品、服务和流程中。

④ 提高质量、降低成本、建立信任。

⑤ 利用专有数据建立并维持竞争优势。

⑥ 使数据产生经济价值[2]。

2) 工作能力不足——组织既没有能力有效利用他们的信息资产，也未能培养员工的相关技能。

3) 结构设计不当——缺乏统一的数据源（如：单一的记录系统），数据、信息和知识的孤岛现象阻碍了它们的共享。

4) 缺少积极的领导推动——没有关键人物推动将数据、信息和知识作为战略性商业资产进行管理的文化。

(3) 投资理由举证

市场并没有要求他们这样做——尽管这种状况正在逐步转变，但变化的速度仍显不足。随着网络保险的兴起，针对数据泄露事件的集体诉讼风险也在增加。

(4) 缺乏适当的工具

人们对信息资产管理工具缺乏理解。诸如商业分类方案之类的工具并不为人所知，更不用说深刻理解它们的战略价值了。

3.7 参考文献

[1] EVANS N, PRICE J. Barriers to the Effective Deployment of Information Assets: An Executive Management Perspective [J]. Interdisciplinary Journal of

Information and Knowledge Management (IJIKM), 2012, 7: 177-199.
[2] REDMAN T C. Data Driven [M]. Brighton: Harvard Business Press, 2008.
[3] MCGILVRAY D. Executing Data Quality Projects [M]. 2nd ed. San Francisco: TM Morgan Kaufmann Publishers Inc., 2021.
[4] SEBASTIAN-COLEMAN L. Meeting the Challenges of Data Quality Management [M]. Amsterdam: Elsevier Science, 2022.

第4章

妥善管理信息资产的整体性模型

4.1 内容介绍

第3章主要内容回顾：
1) 阐述了我们对妥善管理信息资产所面临障碍的研究。
2) 展示了研究的主要发现。
3) 解释了每个已识别的障碍。
4) 确定了待解决的信息管理失效的根本原因。

本章将探讨以下主题：
1) 阐述成熟度模型及其评估方法。
2) 探讨整体性信息资产管理模型（Holistic Information Asset Management Model，HIAMMM）的演进，该模型是本书的核心。
3) 详细解读模型中的十个关键领域。

该模型提供了一种方法，使组织能够识别治理和管理信息资产时可能遇到的潜在障碍，评估信息资产管理实践的成熟度，分析并确定这些信息资产管理实践对组织的业务影响。

4.2 本章摘要

我们的研究成果可以归纳为"整体性信息资产管理模型"（HIAMMM），它是一个包含十个关键领域的综合性框架，这些领域对于评估信息资产管理的成熟度和制定改进策略至关重要。首先，HIAMMM 模型关注业务组件，因为业务成果是所有利益相关者追求的最终目标；其次，HIAMMM 模型关注信息组件，因为信息资产既蕴含业务价值也携带潜在风险。这十个领域具体包括业务影响、高管意识、业务环境、领导力与管理、信息资产环境、信息技术、信息资产管理行为、信息资产质量、信息资产利用、投资理由举证。通常，一个领域内的问题可以追溯到模型中的其他多个领域[1]。

在本章，我们将阐述如何将我们的研究成果应用于构建整体性信息资产管理成熟度模型。简单来说：

1）成熟度模型用于识别组织内可以进行成熟度评估的不同方面。

2）成熟度评估工具代表了工具开发的更高层次，它们能够在既定的尺度上对这些组织的特定方面进行成熟度评价。

3）成熟度评估是指实施这些评价的具体活动。成熟度评估能够实现以下目标：

① 确定当前所处的状态，即"现状"。

② 明确期望达到的状态，即"目标"。

③ 评估成熟度，即测量当前状态、目标状态之间的差距。

④ 根据以下因素对评估结果进行基准测试（按价值升序排列）：

　　a. 业内同行。

　　b. 相关标准。

c. 企业目标。

d. 目标进展。

约翰·拉德利（John Ladley）将信息资产管理成熟度模型描述为：

> 信息资产管理成熟度评估旨在衡量组织当前在高效利用数据和信息方面达到的水平。它揭示了组织如何处理和利用其创造的内容与信息，同时关注业务人员对于公司管理和应用数据以获得竞争优势的看法和感知。这一评估不仅有助于识别组织当前的数据管理状态，还为未来数据治理的有效性提供了一个客观和定性的衡量基准。[2]

整体性信息资产管理模型涵盖的十个关键领域是评估和提升信息资产管理实践成熟度的重要方面，它们是制定改进策略时必须考虑和解决的核心问题。

这十个关键领域具体如下：

1）业务影响。
2）高管意识。
3）业务环境。
4）领导力与管理。
5）信息资产环境。
6）信息技术。
7）信息资产管理行为。
8）信息资产质量。
9）信息资产利用。
10）投资理由举证。

整体性信息资产管理模型如图4.1所示。使用冰山来比喻是因为需要考虑两个重要方面：

1）首先是业务组件，它对于关注业务成果的利益相关者是极为关键的，对应冰山露出水面的部分，是显而易见的。

2）其次是信息组件，它涵盖了潜在的业务价值和隐藏的风险，对应冰山的水下部分，隐而不显且具有极大的欺骗性。

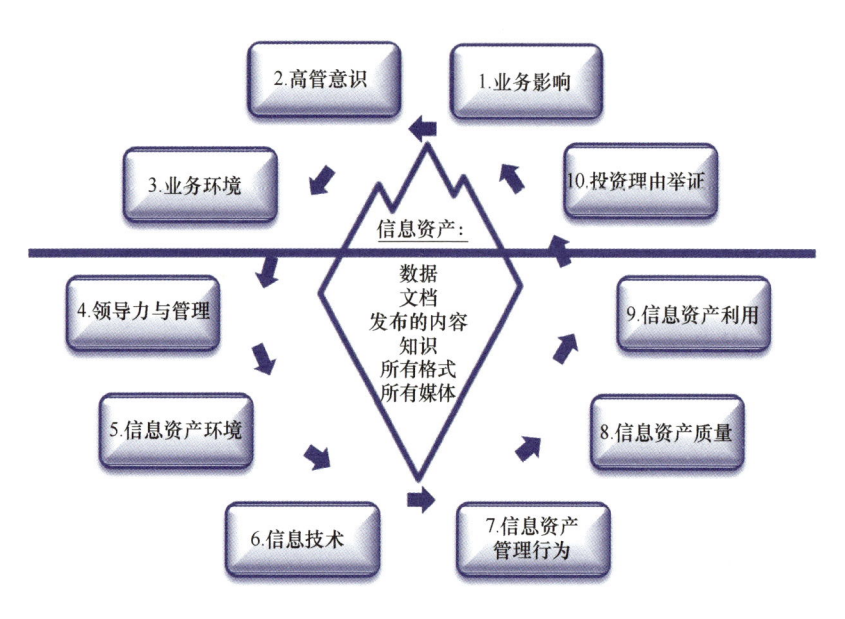

图 4.1　整体性信息资产管理模型（来源：本书作者）

接下来，我们逐项介绍这十个关键领域。

4.3　领域 1：业务影响

业务影响领域描述了信息资产管理实践对组织的影响。我们在模型中首先考虑业务影响，这是因为它直接关联组织的核心利益。原则上，任何行动的采取都应以实现组织利益为前提。

> 能为合法利益提供投资理由举证（领域10）意味着被认可，一旦认可并理解了信息资产管理实践对组织的业务影响（领域1），高管们将会对妥善管理这些资产给予关注（领域2）。

我们将在第5章进一步探讨业务影响。

4.4 领域2：高管意识

在高管意识领域开展评估时，我们考察董事会和高级领导团队对其信息资产重要性的认识程度以及他们推动有关工作的意识。

> 如果高管们能够明确地认可并理解信息资产管理实践对组织业务的影响（领域1），他们将会对妥善管理这些资产给予关注。进一步，如果他们深刻理解自己的信息资产及其治理和管理方式的重要性（领域2），他们将更有可能实施有效的业务治理措施，以确保这些资产得到妥善管理（领域3）。

我们的研究产生了一系列的观察结果，它们揭示了高管对信息资产重要性的认识不足。这里有些示例。

一位制造公司的CEO指出：

> "我刚完成我的MBA学习，期间我掌握了战略、风险、治理、财务、IT、人力资源等各方面的知识，但信息管理却从未被提及。"

一位总经理注意到：

> "投资者主要关注收入和成本，因此管理层的注意力主要集中在销售、产品上市、资金筹集、收入入账，以及管理费用等方面。"

我们将在第 6 章进一步探讨高管意识。

4.5 领域 3：业务环境

业务环境领域涵盖了企业管理的各个方面，包括业务治理、战略规划、业务活动与流程、能力与资源配置、企业文化及其沟通语言。它特别关注组织内部决策权的分配，即"谁负责做出哪些决策"的问题。这一领域原则上应位于组织资产治理和管理的基础之上。但遗憾的是，业务治理的缺失往往是组织在信息资产管理上未能成功的一个关键因素。董事会很少对信息资产的管理实施有效的业务治理，往往将其视为日常运营活动，而不是作为缓释业务风险、获取竞争优势或提升业务绩效的战略需求。

> 当董事会和首席执行官充分认识到有效信息资产管理的重要性（领域 2），他们便会着手实施强有力的业务治理措施，以确保这些资产得到妥善管理（领域 3）。在良好的组织治理框架下，领导者和管理者将通过以身作则的行为树立榜样，进而培育出一种积极管理信息资产的企业文化（领域 4）。

组织中缺乏对数据、信息和知识作为商业资产进行管理的明确责任人。首席信息官（CIO）不是最佳人选，因为他们的职责定位往往与其名称不符，实际上更像是首席技术官（CTO）。他们的绩效通常跟 IT 系统的效率、稳定性、成本控制和用户体验等技术指标有关，这导致他们的关注点主要集中在技术层面[3]。

我们将在第 7 章进一步探讨业务环境。

4.6 领域4：领导力与管理

> 在一个积极的业务环境中（领域3），组织的领导和管理者以身作则营造出重视信息资产管理的文化（领域4）。凭借坚定的领导力与管理（领域4），信息资产管理的相关政策和工具将得到认真执行并激励全员遵守，这将共同营造出一个高效的信息资产管理环境（领域5）。

领导力与管理领域包括组织在信息资产管理方面的人力资源、组织结构、角色定位、企业文化、行为准则和激励措施。

在第2章，我们明确了：

1) 信息资产管理不应仅由IT部门负责。它必须要由理解这些资产价值的业务人员来主导。

2) 软件本身无法独立完成这项工作。创建高质量数据的工作必须由人类来执行。

3) 人们需要遵循一定的工作纪律。不能随意命名、随意存储数据，在不提供位置信息或元数据的同时期望他人能够轻松地找到和使用这些数据是不现实的。在你的首席财务官被问及"那一百万美元你是怎么处理的"时，你肯定不希望看到他翻箱倒柜并念叨着"它一定在这里的某个地方"。

要营造一种重视、管理、分享和有效利用信息资产的企业文化，高层管理者的支持是不可或缺的。CEO通常是唯一能够从企业的全局角度出发的领导者，他们不仅关心组织的整体表现，还致力于创造持久的价值，CEO拥有在整个组织内推行标准和规范的权力。相比之下，其他高管往往更关注自己职责范围内的事务，他们可能不愿意接受来自同僚或下属的指导。因此，CEO需要利用其企业级视角，鼓励每位高管在各自负责的业务领域内，积极领导信息资产的管理。

一位银行的首席数据官（CDO）指出：

> "我们目前面临的一项挑战是，要确保高层真的把钱花在他们声称要花的地方。这并不是因为他们不愿意或不信任，而是因为存在太多相互竞争的优先事项。"

一位政府部门的首席知识官（CKO）认为，高管们有时能认识到信息和知识对于提升组织的效率和效能是有益的，但他补充说：

> 高管们会为此而战吗？不会的。关键绩效指标（KPI）往往不被严格执行，组织也很少为有效管理信息资产的行动提供奖励和认可。我们常常发现员工的个人硬盘中充斥着大量信息，这仅仅是因为他们没有被明确告知不应在那里存储这些内容。

我们将在第8章进一步探讨领导力与管理。

4.7 领域5：信息资产环境

信息资产环境领域涵盖了对业务环境的全面解读，这包括信息资产的治理、所有权、战略方针、原则、相关政策和工作指导、安全隐私，以及管理组织内信息资产所需的工具。业务环境领域侧重于企业整体，信息资产环境领域则专注于这一关键资产的治理和管理实践。

> 有了坚定的领导力和管理（领域4），包括政策和其他工具在内的有效信息资产治理和管理环境将被认真实施，并激励员工遵守这些政策，从而形成一个有效的信息资产环境。有了有效的

> 信息资产环境（领域5），信息系统更有可能满足其预定目的（领域6）。

> 我的公司在寻找信息上花费了大量时间。
>
> 我的公司就像一个没有索引的图书馆；你不知道从哪里开始寻找东西，而且你可能需要无休止地四处搜寻。

我们将在第9章进一步探讨信息资产环境。

4.8　领域6：信息技术

信息技术领域代表了在正确的时间交付正确的信息给正确的人员所需的技术类和实物类产品及工具（如硬件、软件和网络）。它关注信息资产管理有关的有形资产。

> 有了正确的信息资产治理和管理（领域5），信息技术更有可能被高效且有效地使用。例如，明确的信息环境规范，包括统一的语言和数据存储位置，有助于确立一个可靠的单一事实来源或记录系统。反过来，实用且目标明确的信息技术（领域6）将有助于塑造良好的信息资产管理行为（领域7）。

信息技术已经深入我们生活的方方面面，成为我们日常生活的关键支撑。一个精心设计和实施的IT系统能够显著提升我们的生产力水平和生活质量。然而，如果IT系统设计不当或实施不力，它们反而可能成为障碍。这些系统可能运行缓慢、操作复杂、令人沮丧且无法有效完成既定任务，这不仅导致员工加班，还可能带来高昂的成本；这些成本不仅包括基础设施建设，而且涉及信息管理的持续开销。人们不得不寻找临时的替代方案以确保工作能够按时完成。以下是两位高管对其所在组织 IT 系统的看法。

一位招聘公司的首席执行官表示：

> "我们的数据库系统并未发挥应有的作用，软件也不够完善。它运行缓慢，数据输入完全依赖手动操作。我们能够想象一个更好的系统，却不知道如何实现。"

一位州卫生部门的首席信息官指出：

> "虽然有一些设计巧妙的技术引擎，但我从未见过真正实用的。现实情况是，没有结构化的信息很难管理，这些技术并不是特别有效。"

我们将在第 10 章进一步探讨信息技术。

4.9　领域 7：信息资产管理行为

信息资产管理行为领域关注的是组织成员在日常工作中操作和管理信息的方式。正确的工具、精确的测量方法和完善的政策固然重要，但若缺乏有效的管理行为，信息资产管理的成效将无法持续。不良的管理行为，如信息命名不规范、元数据管理失误、安全分类不当和归档系统混乱，都可能阻碍信息流通。这不仅使得相关人员难以在关键时刻获取所需信息，还可能导致他们依赖过时或不准确的数据，同时增加了越权访问敏感信息的风险。这些问题最终会导致组织效率下降、工作重复、错误频发和风险增加。因此，信息资产管理行为领域在评估其对组织业务影响方面发挥着关键作用。

> 高效且有效的信息系统（领域 6）对于培养和维持良好的信息资产管理行为（领域 7）至关重要。如果这些系统操作复杂，用户可能会选择次优的使用方式，寻找变通方式甚至干脆放弃使用。良好的信息资产管理行为将促成高质量的信息资产的形成（领域 8）。

一家律师事务所的执行事务合伙人回忆说：

> "当试图将公司档案从纸质版转换为电子版时，我遇到了巨大的阻力。这很不寻常，因为这只是三年前的往事，而不是十年前。律师们对他们的纸质文件有着难以想象的执着。"

我们将在第 11 章进一步探讨信息资产管理行为。

4.10　领域 8：信息资产质量

信息资产质量领域关注信息资产的质量，具体包括：
1）可用性（可以及时找到）。
2）准确性（与预期内容相符）。
3）完整性（信息没有缺失）。
4）时效性（对预期目的而言不是过时的）。
5）相关性或适用性（符合预期目的，并有效支持员工的研究、决策和行动）。

> 良好的信息资产管理行为（领域 7）造就高水准的信息资产（领域 8）。高质量的信息资产使得它们能够被高效地开发和利用（领域 9）。

如第 2 章所述，你可以在技术上花费巨资，但如果组织的信息资产质量不佳，那这些投入就毫无意义。

我们将在第 12 章进一步探讨信息资产质量。

4.11　领域 9：信息资产利用

信息资产利用领域关注组织如何将其信息资产投入使用，以驱动业务成果并发现更多机会。

> 高质量的信息（领域 8）使得信息资产能够有效地被开发和利用（领域 9）。要利用信息资产，就需要有能力识别其对业务产生的影响（领域 10）。

我们研究调查了印度一家银行与澳大利亚一家保险公司之间的合作，后者向银行的储蓄和贷款客户销售通用保险产品。该公司的首席数据官向董事会提问，发生了如下对话：

> "我们公司是做什么的？"
> 董事会回答说："我们卖保险。"
> "你们怎么做？"
> 他们回答说："我们对风险进行定价。"
> "你们如何对风险定价呢？"
> "我们需要了解一个人的具体情况，这样我们才能做出合理的业务决策。所以，我们这个组织中最有价值的资产就是我们关于客户的数据和信息。"

董事会随后向新任首席执行官提出了一项激励方案：实现数据质量目标将获得两位数（百分比）的奖金，而未能达标则存在被解雇的风险。在短短一周内,为了激励员工达成客户姓名、姓氏和电话号码这三个关键数据元素的质量目标,公司为每个分行分配了1000澳元的奖金,由所有员工共同分享。这一措施迅速显现成效,公司的数据准确性从68%显著提升至91%~93%。在接受采访时,这家保险公司的月度新保单销售量已达到170万份。

我们将在第13章进一步探讨信息资产利用。

4.12 领域10:投资理由举证

投资理由举证领域关注信息管理计划有关的合理性依据的评估,评估范围包括技术驱动项目,以及具有内建效益实现机制的信息资产管理实践持续改进措施。

> 投资理由举证领域专注于评估信息管理措施的合理性。能否有效开发和利用信息资产(领域9)关键在于能否识别这些措施对业务产生的具体影响。而识别业务影响的能力(领域10)进一步确保了这些影响能够被量化并阐明(领域1),投资理由举证领域为业务影响领域(领域1)提供关键输入。通过建立合适的举证模型,可以明确地展示有效管理信息资产所带来的具体收益,从而获得更广泛的认可和支持。

众多组织在证明其信息资产管理投资的合理性时,往往只关注成本削减,而忽略了如生产率提升等更为深远的无形收益,因而未能充分激发组织对业务流程改进的投入。

在信息资产管理领域,很少有组织能够构建起支持持续改进的、基于投资理由的举证模型。这些组织往往未能充分意识到信息资产管理不善可能引发的风险,同时缺少采取必要行动的紧迫感和激励机制。

如果不经历痛苦，人们很少有动力去改变他们做事的方法。

大约在两年前，我们对一家工厂进行了大规模的扩建，这一事件促使我们着手整合工厂的运营知识和客户信息。为了达成目标，我们制定了一项 1500 万澳元的投资计划，该计划最终获得了批准。因为在那一刻，决策者突然意识到他们的知识储备远不如预期。

首席知识官指出：

"有效的信息资产管理并不是首要任务，因为它不会直接关系到生死存亡。"

一位律师事务所的管理合伙人表示：

"我们所从事的业务并不像石油钻井那样，一旦操作失误就可能导致致命后果。"

我们将在第 14 章进一步探讨投资理由举证。

4.13　十个领域的相互作用

这十个领域相互之间具有因果联系，并且被有意设计成循环互动的形式，能够从有效的信息资产管理实现良性的螺旋式发展。另一方面，一个领域中的不佳结果通常可以追溯到其他多个领域，这里有一个真实的例子。

在澳大利亚治理协会的全国会议上，我向大约 170 名参会人员提出了几个问题。

"你们中有多少人所在的组织拥有某种信息管理政策，比如网络政策、安全政策或记录政策？"

几乎所有的人都举起了手。

> "那么，在你们当中，有多少人所在的组织不仅制定了这些政策，而且还会严格执行，并对遵守政策的行为给予奖励，对违反政策的行为进行制止？"

这次，只有两只手举起，都来自昆士兰的独立反腐败委员会。

> "这简直是一种耻辱。作为治理人员，这种情况并非个例。我们的研究揭示了背后的原因：因为高管根本不在乎！高管不在乎是因为问责机制缺失，而问责机制的缺失是因为高管没有充分认识到信息资产对组织的重要性；高管之所以未能意识到这一点，是因为信息资产的相关风险、成本、收益和价值没有得到有效的量化和明确表述；而这种量化和表述的缺失，是因为缺乏有效的投资理由举证模型，或者现有的模型过于狭隘，它只关注于成本削减而忽视了信息资产带来的其他潜在价值……" 如此往复，形成了一个恶性循环。

在本书的后续章节中，我们将逐一深入分析这十个关键领域。

4.14 参考文献

[1] EVANS N, PRICE J. Development of a Holistic Model for the Management of an Enterprise's Information Assets [J]. International Journal of Information Management, 2020, 54.

[2] LADLEY J. Making EIM Work for Business-A Guide to Understanding Information as an Asset and Data Governance: How to Design, Deploy and Sustain an Effective Data Governance Program [M]. San Francisco: Morgan Kaufmann, 2010.

[3] EVANS N, PRICE J. Information Asset Management Capability: The Role of the CIO [C]. In: The 21st Americas Conference on Information Systems (AMCIS), 2015-08-13/2015-08-15, Puerto Rico.

第5章

信息资产管理的业务影响性分析

5.1 内容介绍

第4章主要讨论以下主题：

1）阐述了成熟度模型及其评估方法。

2）探讨了整体性信息资产管理模型的演进，它也是本书的核心。

3）详细解读了模型中的十个关键领域。

本章将探讨信息资产管理有关的业务影响，主要包括：

1）风险。

2）成本。

3）价值。

4）收益。

5）伦理。

如果某项活动不能带来积极的业务影响，它就是没有意义的。

5.2 本章摘要

信息资产管理的业务影响可能是积极的,体现为商业利益;也可能是消极的,表现为潜在的业务风险。信息资产之所以能够创造利益,是因为员工们依赖它们来执行日常工作并推动组织实现商业目标。与任何其他类型的资产一样,信息资产同样涉及风险、成本、价值、利益和伦理等多个方面。信息管理的成本分为两部分:一是管理资产的直接成本,二是由于管理不善而错失的机会成本。信息的价值往往难以直接量化,它依赖于特定情境。伦理与信息资产的管理和使用方式密切相关,特别是客户数据这类信息,信息资产的保密性和隐私等伦理问题,对组织和个人而言都是重要的考量因素。

5.3 领域1:业务影响

> 能为合法利益提供投资理由举证(领域10)意味着被认可,一旦认可并理解了信息资产管理实践对组织的业务影响(领域1),高管们将会对妥善管理这些资产给予关注(领域2)。

业务影响领域描述了信息资产管理实践对组织的影响,图5.1展示了它在"整体性信息资产管理模型"(HIAMMM)中的位置。我们在模型中首先考虑业务影响,这是因为它直接关联到组织的核心利益。原则上,任何行动的采取都应以增进组织利益为前提。

图 5.1　业务影响领域在
HIAMMM 中的位置

为了持续提升业务绩效，组织必须不断提升信息资产的质量，这需要持续的投资作为支撑。任何称职的首席财务官若未能认识到问题的存在，通常不会考虑商业论证方案；若预期收益无法切实满足风险缓释或投资回报要求，首席财务官则不会批准方案；若既定收益未能得到验证和实现，后续投资亦将中止。

业务影响领域涉及：

1）与信息资产相关的风险。
2）管理信息资产的成本。
3）信息资产的价值。
4）实现商业效益和提升业务绩效。
5）伦理和专业精神。

5.4　好与坏的表现

在业务影响领域，组织"好的表现"与"坏的表现"详见表 5.1。

表 5.1　业务影响领域组织"好的表现"与"坏的表现"

"好的表现"	当信息资产得到妥善管理时，相关的收益包括： • 被衡量。 • 被实现，即它们得到了证实。 • 被认可，即它们被高管记录和承认
"坏的表现"	首席财务官和董事会对于以下方面几乎一无所知： • 组织信息资产相关的风险，或者如何使用数据、信息和知识来缓解风险。 • 管理组织信息资产的成本（他们认为这仅仅是硬件、软件、升级、维护、支持和IT员工薪资的成本）。 • 组织信息资产的价值，换句话说，他们未能量化信息资产对其账面价值和市场价值提升以及对业务目标实现所做出的贡献。 • 改善其信息资产管理对组织的收益。 • 信息资产相关的伦理问题，以及这些资产的管理和使用方式

5.5　实现效益和理解业务影响的困难

实现效益并理解业务影响并非易事。在我们的研究中，一家服务型企业的首席财务官指出：

> "在这个企业中，每个人都意识到他们在信息资产管理方面做得并不理想，但他们并不了解更好地管理这些资产会有哪些收益。"

一家金融机构的首席财务官指出：

> "多数人倾向于回避模糊不清的事物，这解释了为何他们难以应对无形资产的管理。"

另一位首席执行官补充说：

> "尽管我无法将信息直接转化为金钱价值，但我清楚地意识到，在关键时刻无法获取准确信息所带来的风险和潜在成本。"

在一次采访中,道格·兰尼(Doug Laney)指出:

"1)数据并未被记录在资产负债表上。

2)大多数组织并未对其信息资产进行评估,包括成本、对收入的贡献、潜在风险或数据质量。

3)无法衡量的事物同样难以管理,而管理不善则意味着无法从这些资产中获得商业价值。

4)对于其他类型的资产,如果缺乏有效的衡量和管理,那将是一个严重的失职,足以导致责任人被解雇[1]。"

兰尼进一步补充说:

"尽管尚未得到会计行业的充分支持,但商业界已经开始意识到数据、信息和知识作为资产的重要性。这些无形资产包括:

1)可以被拥有和控制。

2)可以兑换为现金。

3)可能带来未来潜在收益[1]。"

大多数组织不知道:

1)他们拥有哪些信息资产。

2)他们面临哪些风险。

3)管理他们的信息资产需要花费多少成本。

4)这些信息资产的价值及其对谁具有价值。

5)这些信息资产的脆弱性以及保护措施。

6)妥善管理它们的收益有哪些。

5.6　卡车类比信息资产管理

请想象一下有形资产，它们可以关联到风险、成本、价值、收益和伦理道德。

试想一下，你买了一辆新卡车（见图5.2）。卡车存在风险，可能包括：

图 5.2　一辆新买的卡车

1）财务风险：如支出超过收入，或者发生事故导致卡车报废等。

2）人员风险：涉及生活方式、受伤或死亡方面的风险。

3）声誉风险：如卡车造成他人死亡等。

风险被定义为面临危险、伤害或损失的可能性（概率），风险具有双重性：

1）正面是机遇：组织需要承担经过评估的风险以实现进步。

2）负面是威胁。

为了降低与卡车相关的风险，除了其他可能的措施之外，还可以采取以下方法：

1）培训。

2）许可。

3）维护。

4）保险。

卡车是有成本的。卡车的成本可能包括：

1）购车费用。

2）贷款费用及利息。

3）许可费。

4）保险费。

5）维护费。

6）燃料费。

7）工资和薪水。

卡车是有价值的。卡车作为一种资产，对组织及其利益相关者——包括客户、员工、合作伙伴和社区——具有显著价值。尽管卡车的账面价值在五年的折旧期内将降至零，但其市场价值则取决于潜在买家愿意为这辆二手卡车支付的价格。此外，卡车还能带来一系列直接的收益。例如，在其使用寿命内创造的收入，以及拥有和驾驶卡车所带来的乐趣和满足感。

最后，拥有和驾驶卡车的行为同样牵涉到伦理和道德的考量。例如，以危险的速度驾驶或在药物影响下操作卡车是否符合道德标准。需要明确的是，根据《牛津词典》的定义：

1）道德（morals）是指关于对与错的指导原则，尤其是在个体层面。

2）伦理（ethics）是指行为规则，尤其是指由外部来源提供的。

3）隐私（privacy）是指个人不受他人观察或干扰的状态[2]，这包括以下权利：

① 免受干扰和侵犯的自由。

② 与自己选择的人交往的自由。

③ 能够控制个人信息可以被谁访问和使用[3]。

就像卡车等有形资产一样，信息资产也可以关联到风险、成本、价值、收益、伦理和道德。

与卡车一样，信息资产也存在风险。

1）信息资产的风险主要涉及以下领域：

① 访问安全。

② 灾难恢复和业务连续性。

③ 诉讼举证。

④ 合规遵从。

⑤ 竞争优势。

⑥ 人身安全。

⑦ 个人和企业声誉。

2）信息资产还可以用来缓释其他商业风险。如果没有准确和及时的信息，有效减轻商业风险将变得极为困难。

5.7 信息资产的风险

5.7.1 访问安全

如何确保正在保护的正确信息免受越权访问？如何识别并保护最有价值的信息资产？如何管理和保护最脆弱的信息？

网络安全的重要性不容忽视。网络攻击可能带来严重后果，安全威胁的成本已经在很多案例中有所体现，重要的是保持客观判断力。具备客观判断力之后，我们就能够采取恰当的措施。波耐蒙研究所（Ponemon Institute）多年来为 IBM 等公司进行的研究，揭示了网络安全威胁的多方面原因（见图 5.3）。

网络安全威胁的原因-2016年

原因	百分比
疏忽大意的内部人员	50%
恶意员工	13%
恶意接触点	13%
外部黑客	22%
其他原因	2%

网络安全威胁的原因-2018年

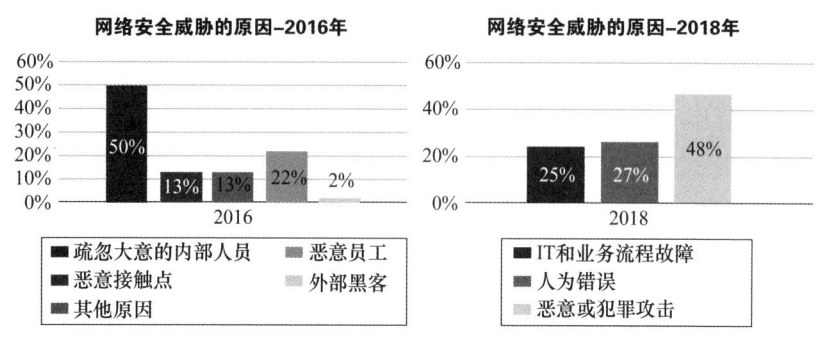

原因	百分比
IT和业务流程故障	25%
人为错误	27%
恶意或犯罪攻击	48%

图 5.3　网络安全威胁的原因（来源：波耐蒙研究所）

安全威胁的确正在加剧，但主要风险并非如普遍预期那样集中来自外部恶意行为主体。

2016 年的研究发现，只有 24% 的网络安全威胁来自外部（22% 外部黑客+2% 其他原因），这意味着 76% 的威胁来自内部。2018 年的研究进一步显示，虽然 48% 的威胁是恶意的，但 52% 是由于人为错误或其他非恶意因素导致的。这表明，仅仅依赖 IT 团队通过安装防火墙来解决问题是不够的。保护敏感数据、信息和知识需要一种更为成熟和综合的方法。

斯坦福大学的最新研究显示，自新型冠状病毒感染大流行以来网络安全领域：

1）44% 的安全事件由员工行为引发[4]。

2）超过三分之一的网络事件涉及内部人员，其中超过三分之一与社交工程学（Social Engineering）有关[5]。

3）在过去一年中，94% 的组织遭受了内部数据泄露[6]。

4）88% 的数据泄露是由人为错误引起的。

这些数据揭示了一个重要发现：我们主要面临的是管理问题，而不是单纯的技术问题。这意味着，单纯依赖新的防火墙技术并不能从根本上解决问题。

过于严格的安全措施可能会适得其反。一家全球防御公司甚至将其信息技术部门视为组织发展的"最大商业障碍"。

5.7.2 灾难恢复和业务连续性

数十年前,一家石油和天然气企业建造了一座气体处理厂,其最终设计被记录在所谓的"建成"(as built)图纸上。不幸的是,2003年,由于汞腐蚀导致进气歧管及相关法兰焊缝的故障,引发了一场爆炸。这场事故导致该组织因违反职业健康安全福利法而被罚款84,000澳元。然而,更糟糕的是,由于无法找到这些关键的"建成"图纸,重建工作变得异常艰难。组织不得不采取逆向工程的方法,从烧毁和扭曲的工厂残骸中回收部件,然后重新生产和运输,以便重建设施。这一过程占据了总部大楼整个楼层的资源,法律团队不得不介入处理后续的法律事务。股东们对此事件感到非常愤怒。

5.7.3 诉讼举证

一家矿业公司在收购竞争对手的过程中接管了80,000箱文件。然而,在其中一箱中意外发现了一双工作靴和半杯咖啡,这种情况引发了对其信息管理质量及相关成本控制的严重质疑。

一家石油和天然气公司在一次拖轮撞击海上平台导致1亿澳元损失的事故后,却无法找到相关的保险文件。

5.7.4 合规遵从

澳大利亚税务局对一家组织产生了负面评价,因为该组织未能提交关键文件,而这些文件最终在其他地方被找到。由于无法提供必要的证据,该组织的行为被视为隐瞒信息。

一家航空航天公司因未能妥善保留与供应空中交通控制系统相关的防务合同会计记录,被处以4亿澳元的罚款。作为回应,该组织承诺将"设立一个独立的合规监督者"。此外，由于承认记录不全，该公司还因违反会计规定被额外罚款 50 万英镑。

5.7.5 竞争优势

网络安全专家透露，黑客每年从企业窃取的知识产权价值高达 1600 亿澳元。2015 年，澳大利亚的一家通信、金属探测和采矿技术公司发现，其金属探测器销量和售价急剧下降，究其原因却是三年前的一次网络攻击，黑客窃取了其设计并将廉价的仿制品销往非洲。

5.7.6 人身安全

一位能源发电和分销公司的项目经理向挖掘机操作员提供了一份现场平面图，旨在指导其挖掘作业的区域。不幸的是，该平面图是旧版且已过时。结果，挖掘机的锯齿不慎穿透了新近铺设的 11 千伏电缆的塑料保护层，仅差一厘米就可能导致操作员遭受致命电击。

5.8 信息资产的成本

正如卡车的比喻所示，信息资产同样涉及成本。例如，每当员工处理带有附件的电子邮件时，就会产生成本，这包括决定文件命名、存储位置、访问权限、保留期限等。同样，当需要时再次检索该文件也会带来成本。每一次对话、每一次会议、每一份文档、每一个电子表格、每一份报告、每一次审查都涉及成本。一些会计师可能将这些成本归类为工资支出，但这种观点忽略了工作效率和生产力的重要性，而这两个因素都是不可忽视的。信息资产管理的效率越低，其成本就越高，这包括风险增加、资源浪费、生产力下降、决策质量降低以及员工士气受挫。

这些成本在日常运营和问题发生时都非常明显。我们的证据表明，仅由于信息资产管理不善造成的浪费就占据了员工超过 20% 的工作时间，或者每人每年约 20,000 澳元。本章后续将提供更多细节和实例。

在第 1 章和第 2 章中，我们探讨了资产和负债的概念。当出现问题时，信息资产可能转变为重大的负债，导致昂贵的后果。

2022 年 9 月 22 日，澳大利亚第二大电信供应商遭受了网络攻击，导致其客户个人信息被泄露。

> 多达 980 万澳大利亚人的个人资料被盗，客户开始用行动表达不满——自数据泄露事件以来，已有 10% 使用其移动服务的客户选择离开该公司。年度 EFTM（EFTM 是澳大利亚关于男性生活方式的在线杂志，涵盖汽车新闻、评测和信息，科技评测、新闻和比较，以及最佳生活方式产品和新闻——译者注）手机调查显示，56% 的现有客户表示"因为这次网络攻击，正在考虑更换电信公司"，而 10% 的客户已经采取了行动[7]。

值得注意的是，这次数据泄露事件的原因可能源于 IT 部门在保护措施不足的测试环境中使用了生产数据。这引发了一个疑问：如果将组织信息资产的质量控制、保护和有效利用的责任分配给除 IT 部门之外的其他人员，能否避免此类违规行为的发生？

在 2022 年 10 月 12 日，澳大利亚第二大电信供应商遭受了网络攻击，导致客户个人信息泄露。据《澳大利亚金融评论》于 2022 年 10 月 26 日报道：

> 该事件导致澳大利亚最大健康保险公司市值蒸发约 17.5 亿澳元。公司首席执行官表示，补救和赔偿客户成本的全面影响需要时间才能明确，成本初步估计在 2500 万~3500 万澳元之间[8]。

在我撰写本文的前一天，澳大利亚广播公司报道称：

> 三家律师事务所联手对健康保险公司发起数据泄露诉讼。这起诉讼是在黑客去年泄露了约970万名客户个人信息之后发生的。这些律所宣布，他们将代表受数据泄露影响的个人追究责任，并寻求相应的赔偿[9]。

股东们对这种情况显然不会感到满意。

2023年3月24日，《卫报》报道，一家消费者借贷公司遭受了数据泄露，790万驾照号码和5.3万护照号码被盗。该公司透露，部分被盗文件的历史至少可追溯至2005年。此外，还有610万客户记录也被窃取，其中570万记录是在2013年之前提供的。这些记录包含了姓名、地址、电话号码和出生日期等信息。首席执行官表示："我们深感失望，因为如此多的额外客户和申请人受到了此事件的影响。我们毫无保留地道歉。"该借贷公司的股价在一天内下跌超过3%，交易员们在权衡这一事件对公司的潜在财务和声誉成本。2023年3月28日，《卫报》进一步报道，多家律师事务所正在调研采取法律行动的可能性，内政部长也卷入其中。

近期的数据泄露事件引发了对企业数据存储实践的质疑，以及为何许多企业仍保留着过时的客户记录。这些记录并非资产，而是潜在的负债，其成本可能非常高昂。2022年11月，继上述泄露事件之后，澳大利亚政府通过了一项立法，允许澳大利亚信息专员办公室对重复或严重的数据泄露行为处以高达5000万澳元的罚款。此外，该借贷公司承诺将"为希望更换被盗身份证件的人士报销费用"，但其市值已下跌，且对企业声誉造成了重大损害。

务必始终牢记两种成本：首先是（低效）管理资产所产生的成本，其次是错失工作机会而产生的额外机会成本。以在错误地点挖洞为例：你必须支付挖洞的费用，这是第一项成本；然后你需要填平这个洞并在正确位置重新挖洞,这是额外成本;最后你还需承担因错失工作机会而产生的成本——即如果你没有填洞和重新挖洞时本可以完成的工作价值。

我一位非常亲近的朋友曾是一家知名律师事务所的管理合伙人,最近,她的一位合伙人在布里斯班处理一个案件,为了成功处理此案,他需要随时访问公司的资料。于是,一个周末,他带着一个大硬盘到办公室下载了所有能获取的信息。接着,他带着硬盘飞往布里斯班——却不慎丢失了硬盘。这个硬盘没有加密、没有密码保护和其他任何安全措施。管理合伙人不得不花费三个月的时间来解决这个问题。

几年前,另一位非常亲近的朋友,他是一家羊毛加工企业的老板兼董事长,意识到他最宝贵的资产是他关键员工头脑中的企业知识。董事长开始了一项真正的知识管理工作,幸好他这么做了。就在三个月前,当我写下这些文字时,公司的首席执行官——一位拥有数十年经验、知识和智慧的人——去世了。这对于他周围的人来说是一个悲剧,他们爱他、尊敬他。对于企业来说,如果不是老板意识到企业对失去这一关键资产的脆弱性,这个结果可能是灾难性的。

在评估管理信息资产的成本时,大多数组织只认识到交付成本,即 IT 成本,包括硬件、软件、维护、支持、升级、网络费用和 IT 员工工资。这种计算严重低估了真实成本,因为它只考虑了管理组织基础设施的成本,而没有考虑管理其数据、信息和知识的成本。

5.9 信息资产的价值

就像卡车一样,信息资产具有价值。信息资产的价值可以通过以下方式计算:

1）市场价值。

2）重置价值。

3）创收价值。

4）剥夺价值。

5）其他方法或多种方法的组合。

无形资产（如人力资本）的价值通常高于有形资产（如机器设备）的价值。

信息资产被描述为：

1）唯一有意义的资源。

2）成功的关键价值驱动力。

3）最重要的生产要素。

4）推动当今公司发展的核心力量。

就像卡车一样，信息资产具有价值，但它与其他大多数资源截然不同。正如道格·兰尼（Doug Laney）所指出的：

> 信息资产属于非竞争性、非消耗性的资产，它们的潜在价值和产生的回报往往远超传统资产。信息正逐渐被用于取代其他资产，例如，Uber利用信息平台取代了汽车，物流企业通过实时信息流减少了对库存的依赖[1]。

信息资产的价值往往难以直接量化，因为它依赖于特定的情境和使用方式。同一条信息可能在某一天对某个人极具价值，而在第二天就变得无关紧要，因为信息会随着时间的推移而老化，甚至过时。信息的价值还具有情境依赖性和用户特异性。例如，对首席执行官有价值的综合信息，对其他员工可能并不具有同等的价值。

信息资产的潜在价值并不是衡量其实际价值的可靠指标，如果这种价值从未被实现，那么对组织来说就没有实际收益。信息的经济价值通常来自于剥夺价值的概念,即如果组织失去了这项信息,将会面临怎样的后果。

道格·兰尼在他的《信息经济学》[10]一书中提出了计算信息资产价值的六种方法或公式,信息估值模型如图 5.4 所示。

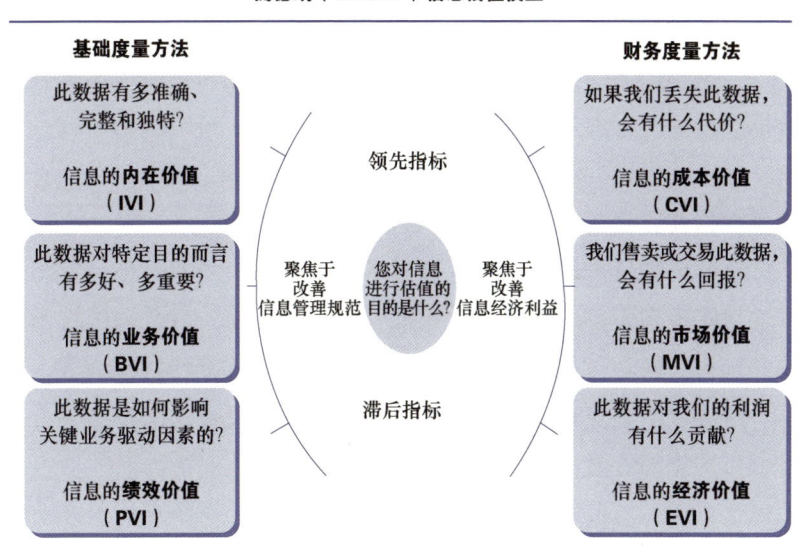

高德纳(Gartner)信息估值模型

基础度量方法

- 此数据有多准确、完整和独特?
  信息的**内在价值**(IVI)
- 此数据对特定目的而言有多好、多重要?
  信息的**业务价值**(BVI)
- 此数据是如何影响关键业务驱动因素的?
  信息的**绩效价值**(PVI)

领先指标

聚焦于改善信息管理规范

您对信息进行估值的目的是什么?

聚焦于改善信息经济利益

滞后指标

财务度量方法

- 如果我们丢失此数据,会有什么代价?
  信息的**成本价值**(CVI)
- 我们售卖或交易此数据,会有什么回报?
  信息的**市场价值**(MVI)
- 此数据对我们的利润有什么贡献?
  信息的**经济价值**(EVI)

图 5.4 信息估值模型(来源:高德纳公司)

澳大利亚某州政府对其档案记录的价值表示出了兴趣,并聘请了一位年逾古稀的古董鉴定专家对其纸质档案进行估价,得出了 15 亿澳元的估值。然而,这一估值并未:

1)包含其扫描或数字化的档案。
2)包含其原生数字档案。
3)采用无形资产估值方法或方法组合,以获得更精确的估值结果。

这里的关键之处在于,组织内的信息资产蕴含着巨大的价值,但这些价值尚未被充分利用或转化为商业利益,甚至在该州的内部也是如此。

几年前,某州政府决定将其土地产权办公楼推向市场,初步估价为 3 亿澳元。最终,该资产以 10.65 亿澳元成交,超出了初始估价的三倍多。面对这一结果,有人可能会说"太棒了!我们得到了预期的三倍。"然而,我却没有那么乐观,因为这意味着我们在资产评估和价值发掘方面存在不足,可能让我们错失很多潜在的收益。

一家全球葡萄酒生产商拥有丰富的地理数据和纵向的葡萄栽培数据。传统上,该公司慷慨地将数据提供给多个组织进行研究。然而,随着一家新兴农业技术(agtech)公司的出现,葡萄酒公司意识到其数据具有真正的商业价值,并决定将其货币化。

该葡萄酒公司确定了哪些数据对农业技术市场有价值;它聘请了数据管理和质量顾问,以及无形资产评估专家;对数据进行了估价并出售;同时,它还找到了可以补充商业交易的研究资金来源。

这次数据交易对双方都有利。由于数据现在被组织视为具有实际、可实现的价值,它吸引了高管层的注意。该交易的具体商业细节属于机密,但可以披露的是,这家葡萄酒公司对数据价值评估的投资将在三年内获得 1200% 的回报率。此外,该组织采用五年投资回报周期,即力求项目在五年内实现收支平衡。而本项目仅用 13 周就实现盈亏平衡,且没有在技术上花费一分钱。

5.10　信息资产的收益

正如卡车能够带来效益,信息资产同样能够为组织创造利益。每位员工都利用这些资产来完成工作,并推动组织实现业务成果。

Experience Matters 与南澳大学联合开展了一项量化研究,研究对象包括:

1)代表北美律师事务所的 142 位首席运营官(COO)。

2）代表世界各地政府组织的 239 位信息管理（IM）专业人士。

3）南澳州一家大型政府部门的 313 名员工。

研究结果揭示了信息资产对业务的深远影响。

表 5.2 展示了在寻找信息时遇到的挑战：54%的首席运营官、62%的信息管理专业人士和 43%的州政府部门员工表示不知道从哪里开始查找信息。82%的信息管理专业人士认为查找信息的地方太多，而 62%的州政府机构员工指出版本控制不佳是一个问题。

表 5.2 寻找信息时遇到的挑战

寻找信息时遇到的挑战	首席运营官（%）	信息管理专业人士（%）	州政府部门员工（%）
查找信息的地方太多	52	82	
不知道从哪里开始查找信息	54	62	43
不确定确切的信息版本			62
信息来源太多		55	58
信息变化频繁			57
信息导航不佳			53

（来源：Experience Matters）

表 5.3 信息资产管理的业务影响

业务影响	首席运营官（%）	信息管理专业人士（%）	州政府部门员工（%）
违反合规要求		73	54
决策失误			67
声誉损失	65	59	32
诉讼		64	
安全风险			59
客户流失	56		
生产力损失		52	
竞争优势损失	44		

（来源：Experience Matters）

表 5.3 展示了我们识别的当前信息管理实践的业务影响类型。

73% 的信息管理专业人士认为违反合规要求是一个重大问题，67% 的州政府部门员工认为存在决策失误的风险，而在律师事务所的首席运营官中，65% 担心潜在的声誉损失、56% 担心客户流失、44% 担心失去竞争优势。这些发现构成了严重的业务风险。

未能妥善处理信息资产管理实践所导致的生产力损失，或通过改进这些实践所能获得的收益，可以在图 5.5 中看到。它显示了新南威尔士州（New South Wales State）政府部门员工潜在的节省时间的活动，以及每周平均可避免的浪费时间。

潜在的节省时间的活动

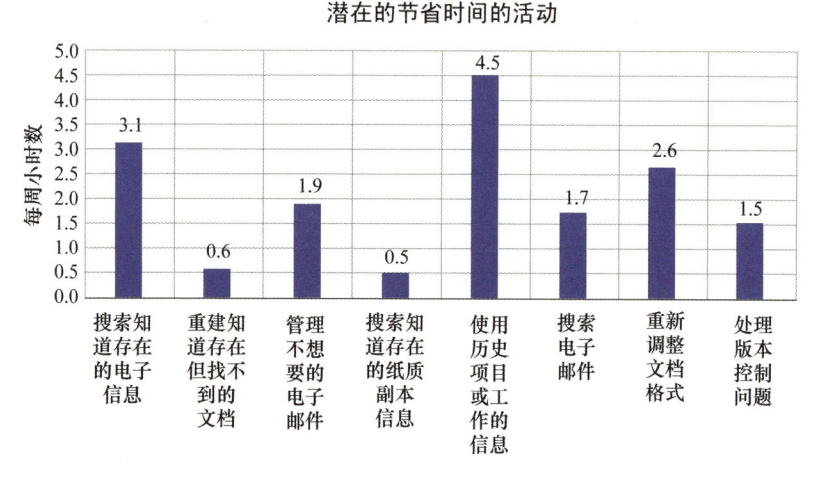

活动	每周小时数
搜索知道存在的电子信息	3.1
重建知道存在但找不到的文档	0.6
管理不想要的电子邮件	1.9
搜索知道存在的纸质副本信息	0.5
使用历史项目或工作的信息	4.5
搜索电子邮件	1.7
重新调整文档格式	2.6
处理版本控制问题	1.5

图 5.5　潜在的节省时间的活动（来源：Experience Matters）

除了提供两个澳大利亚州政府组织信息资产管理方式的研究结果外，表 5.4 还估算了由于信息资产管理不善而浪费的时间，以确定其财务影响。

各组织的薪酬支出数据来源于其最新年度报告，标准工作周为 37.5 小时。

在组织 1 中，每年浪费的金额高达 1.51 亿澳元；这些支出没有得到相应的服务回报。2018 年，澳大利亚银行业因向已故客户收取服务费用而受到皇家委员会的严厉批评，这是一种不可接受且不道德的做法。这些数字不仅揭示了低效和无效的商业实践，还对未能妥善管理组织的高级管理者的能力和道德提出了质疑。

表 5.4 信息资产管理不善造成的财务影响

描　　述	组织 1	组织 2
所属行业	州政府	州政府
员工人数	7,500	150
知道谁负责管理组织信息资产的员工（%）	78	80
认为组织信息资产的管理有明确责任归属的员工（%）	55	42
对信息完整性和准确性感到满意的员工（%）	66	70
对信息是最新且不过时感到满意的员工（%）	55	70
认为通过更好的信息管理可以提高生产力的员工（%）	70	54
每人每周潜在节省的小时数（已统筹考虑重复因素并进行折算）	7.8	8.2
预期收益	2015~2016 年度工资 = 729,000,000 澳元 7.8 小时/周 = 20.8% 每年 1.51 亿澳元	2015~2016 年度工资 = 22,700,000 澳元 8.2 小时/周 = 21.9% 每年 497 万澳元

（来源：Experience Matters）

表 5.5 展示了员工平均浪费的时间。

南澳大利亚州政府机构员工在表 5.4 中的估计时间因权宜之计而被大幅打折（作者试图表达"实际浪费的时间可能更多"——译

者注）。据他们估计，每人每天平均浪费的时间接近3.88小时，或者说超过了半天的时间。即便如此，该组织的首席执行官仍将其员工的估计和调查结果称为"垃圾"。截至2019年3月，该组织仍然依赖纸质文件；相比之下，IBM澳大利亚公司在1985年就实现了数字化，这已是三十多年前的举措。

表5.5 平均浪费时间情况 （单位：分）

时间浪费对生产力的影响	首席运营官	信息管理专业人士	州政府部门员工
搜索或管理不想要的电子邮件	49	37	35
搜索他们知道的信息	31	47	33
重建他们已知存在的文档	24	39	19
不使用以往项目或经验教训中的信息	31	36	11
每人每天浪费的时间	135	159	98
每人每周浪费的时间	675	795	490

（来源：Experience Matters）

表5.6汇总了来自不同行业众多组织的研究发现。通过将每年估计的浪费或潜在效益总额除以受访员工的数量，我们计算出每人每年平均的浪费或潜在效益。

表5.6 平均每年收益（每年总收益除以员工总人数）

行 业	每年总收益/澳元	员工人数	每人每年收益/澳元
地方政府	8,571,000	1,000	8,571
州政府	155,970,000	7,650	19,865
葡萄酒	364,000	34	10,700
法律	1,995,000	150	13,300
采矿业	24,296,000	1,100	22,090
石油和天然气	29,754,000	1,102	27,000
合计	220,950,000	11,036	平均20,021[①]

① 计算逻辑：每年总收益合计值除以员工人数合计值。

（来源：Experience Matters）

表 5.7 展示了通过优化信息资产管理，主要识别出的潜在业务改进领域。

表 5.7 潜在业务改进领域

潜在业务改进领域	首席运营官（%）	信息管理专业人士（%）	州政府部门员工（%）
改进决策		76	62
提升生产力	70	62	
改善沟通			70
改善客户服务	67		47
更高质量的数据，更好的情报			63
改善业务绩效		51	44
计费小时数增加	44		

（来源：Experience Matters）

信息管理不善会带来多方面的负面影响和风险。具体来说，负面影响包括收入损失、运营成本增加、资源浪费及其对生产力的负面影响；风险影响则包括无法满足合规要求、网络安全受损、洞察结果无效以及业务连续性不佳等问题。相比之下，改进信息资产管理的收益可能是显著的，并且能够迅速实现。

Experience Matters 已识别出，通过有效管理信息资产，我们的客户在运营成本和效益方面都有所体现；不良的信息管理会带来成本，而信息管理的改进则能带来效益。这些成本和效益可以是有形的，也可以是无形的。有形成本和效益是按照客户的内部收费标准计算的，而无形成本和效益则是那些尚未以货币形式表示或无法表示的。

在有形成本和效益的分类中，我们识别了以下几项。

5.10.1 收入的损失

一家全球保险公司保存着大约有 100 万箱档案。其中 2 万箱的内容未知，但怀疑其中包含未处理的索赔线索，它们可能代表着针对其他保险公司的潜在收入，价值高达 150 万澳元。

5.10.2　成本的增减

一个组织估计，每年因不当存储文件而产生的外部存储费用为 35,000 澳元，检索费用为 20,000 澳元。

一家矿业公司过去每年在法律费用上的支出高达 3,000 万澳元，其中 5% 至 25%（即 150 万~750 万澳元）被用于证据开示过程。在一次行动中，费用高达 1,200 万澳元，如果组织能够有效地找到自己的文件，那么其中 300,000 澳元原本可以避免。

一个组织相信，提高文件获取的便利性将有助于更好地辩护保险索赔，从而每年减少保险费用 150,000 澳元。

一家石油和天然气公司不慎销毁了地震线图（这些利用声呐技术创建的地下地形图，每张图的成本约为 600 万澳元），因为他们未能准确识别哪些图纸是最新和最准确的。

一个组织无法提供图纸、文件、布线图、工厂档案等，导致在离岸建筑合同中增加了 10% 至 25% 的额外费用。

一家马来西亚跨国公司在进行一项收购时，获得了一处未开发油气资源的少数股权，但随后却忽略了这一投资。当该资源的控股方决定推进资源开发时，他们通知所有少数股东分担开发费用。结果，这家马来西亚公司收到了高达 4 亿澳元的付费要求。

5.10.3　生产力的增减

一家矿业公司发现，其业务和矿业专业人员及管理人员每月因不必要的文件归档、分发和搜寻丢失文件而浪费 15 小时。以每月 15 小时、每年 11 个月（排除假期）、589 名专业人员、每小时 250 澳元（包括所有成本的总薪酬套餐）计算，每年浪费的生产力价值为 2429.625 万澳元。

请注意，该客户的内部收费标准过高，不适用于所有组织。一个更普遍适用的计算方式是，年薪 7 万澳元加上 30% 的附加成本，计费标准约为每小时 52 澳元。

另一组织估计，一些知识工作者每月花费高达 50 小时寻找文件。他们的内部收费标准为每小时 150 澳元。

一家咨询工程公司估计，如果每天节省 5 分钟，他们将实现每年 250 万澳元的计费生产力提升。以每天节省 5 分钟、每周 5 天、每年 48 周、每小时 50 澳元计算，2500 名员工的生产力提升价值为 250 万澳元。

一家石油和天然气公司，其员工流失率为 22%，相信通过高效的交接流程，可以将新员工的工作衔接时间从 8 周缩短至 4 周。假设每年有 130 名员工更替，且每小时总薪酬套餐为 250 澳元，机会成本为 160 小时 × 每小时 250 澳元 × 130 名员工 = 520 万澳元。

一家矿业公司在 12 个月内失去了 152 名员工，据测算，每位新员工平均花费 32 小时寻找文件。一位高级经理估计，他在前六个月有 25% 的时间浪费在寻找文件上。因此，该组织的潜在成本为 152 名员工 × 32 小时 × 每小时 150 澳元 = 729,600 澳元。

一个拥有约 100 名员工的组织，其内部收费标准为每小时 40 澳元，预计通过改进文件复制、分发、检索、丢失文件、归档和存储流程，每年可节省 728,000 澳元。

一家能源公用事业公司投资 700 万澳元实施了一个知名的电子记录和文件管理系统。但由于高管未能理解和传达改进组织信息和知识管理的价值，用户也未被告知改进信息管理实践的收益，导致实施失败。

位于南澳大利亚麦克拉伦谷的一家获奖酒庄的经理决定将其数据、信息和知识管理提升到一个新的水平。鉴于酒庄仅有 34 名员工，他们需要的是一个实用且经济高效的解决方案。为此，该组织采取了以下措施：

1）进行了信息资产管理成熟度评估。

2）测算了信息管理实践对酒庄业务的影响。

3）构建了业务架构。

4）制定了与业务活动相匹配且直观的文件归档计划。

5）创建了使用业务语言的命名规则。

6）制定了电子邮件指南。

7）实施了配套工具。

8）开发了一套简单可行的企业架构，包括与架构相匹配、员工易于理解的文档目录结构、文档命名规则和电子邮件指南。现在，员工们清楚知道应该保留什么、如何命名以及存放在哪里。

在实施新措施后不久，酒庄的一名运营员工兴奋地表示："这太棒了，我们现在能找到所需的资料了。"随着组织意识到将非生产性活动转变为生产性活动所带来的财务效益，他们启动了一个效益实现计划。此外，为了确保准确识别行为改变的员工并采用奖优方式树立典型，他们还建立了网络监控系统。

在短短三个月内，酒庄的 34 名员工通过使用简单的工具创造了价值 91,000 澳元的效益，相当于每人每年可持续性地节省 10,800 澳元，而且这一切没有在硬件和软件基础设施上投入一分钱。该组织有一个五年的投资回报期目标，实际上在 8 周内就实现了收支平衡。酒庄经理宣称："在我们的整个投资组合中，没有任何一个项目能比这个更快地带来更高的回报，同时员工满意度也更高。"这正是我们每天努力工作的动力所在。

一家能源公司成功实施了一项商业解决方案，其成功并非基于翔实的商业论证方案和生产力提升的明确表述，而是因为它能够有效减少员工的无偿加班时间，确保员工能够准时下班。这一举措自然受到了员工的欢迎和支持。

一家政府拥有的金融公司曾经需要花费数天时间来查找应对信息自由法案和部长级请求所需的信息。自从改进了信息管理之后，该公司现在能够在几小时内做出响应，而首席财务官甚至能够在几分钟内亲自回复。此外，一些离职员工抱怨他们当前工作环境的质量大不如前。

5.10.4 信誉或难堪

一家国际矿业公司险些因一份文件递交延误而丧失价值3亿澳元的资产。一家小型勘探公司仅以1,800澳元便注册了对该资产的所有权，并坚持捍卫其权利。经过部长级干预和高等法院的裁决，该资产最终归还给了原所有者，事件引发了广泛的媒体关注，令公司董事会和高层管理团队极为难堪。

2018年1月31日，新闻报道指出，总理和内阁部门（PM&C）紧急下令调查一起前所未有的泄密事件，该事件涉及在堪培拉的一家拍卖行出售的两个上锁的二手文件柜中发现的数百份绝密和高度机密的内阁文件。该拍卖行被控出售前政府家具。在事件发生后的48小时内，三位总理相继表态，一位总理下令展开调查，一位表示"必须有人为此负责"，第三位则启动了法律程序。

5.10.5 纸张的节约

一家大约有900名知识工作者和9,000延米（每人10延米）纸质文件的勘探及生产公司搬到了新大楼。他们实施了一个减少纸质文件的项目，其中9,000延米中的24%被销毁、22%被归档、6%找不到主人，合计实现了52%的规模削减。节省下来的空间，每年价值1,827,000澳元（按每年每平方米400澳元的费率计算），现在被用于休息区、会议室和协作空间，以及更有效的工作和存储区域。

一家地方政府通过优化存储供应商选择和减少纸质文件存量，

成功实现了文件存储成本 73% 的大幅降低，同时也降低了业务风险。

一家金融机构对其纸质文件进行了精简，将文件长度从 1,306 延米减少至 707.5 延米，削减了 598.5 延米，降幅为 45.8%。

一家能源公司将其纸质文件持有量减少了 55%，随之而来的是成本的降低。

在精简纸质文件的过程中，一家金融机构释放了其在悉尼办公楼的两层空间，每年在每平方米上节省了超过 1,000 澳元的费用。

5.11 信息资产伦理

就像卡车一样，伦理道德与信息资产的管理方式和使用密切相关，尤其是涉及客户数据等敏感信息时。信息资产的保密性、隐私性等伦理道德问题已成为全球范围内的热点话题。

达拉格·奥布莱恩（Daragh O′Brien）是《伦理数据与信息管理》的合著者，同时也是爱尔兰咨询公司 Castlebridge 的创始人。他指出，伦理研究的是人们的道德行为及其决策方向，以及他们应对伦理问题的方式。我们的伦理观念深植于文化和社会背景之中，超越了简单的是非对错。例如，随着时间的推移，伦理观念会发生变化。此外，伦理观念也具有情境性；例如，航空燃料既可以用于向饥饿的人运输食品援助，也可以用于运输炸弹[11]。伦理是针对个人的，"组织没有伦理，人才有伦理。"[12]

伦理行为在个人和组织层面都至关重要。个人可能成为黑客攻击或勒索软件的受害者，也可能是这些不道德行为的实施者。组织也可能因为其个别成员的不当行为而遭受品牌声誉的损害。

不道德行为可能源自多种因素，包括：

1) 个人的成长背景。
2) 个人的伦理和道德观念。

3）组织文化，这可能涵盖：
① 客户服务。
② 利润动机。
③ 治理结构。
④ 管理实践。

关于信息资产管理中的伦理和隐私问题，数据伦理定义了一套行为规范，明确了正确与错误的行为，包括以下内容：

1）数据处理：生成、记录、管理、处理、传播、共享和使用。
2）算法：人工智能、智能体、机器学习和机器人技术。
3）相关实践：负责任的创新、编程、黑客行为和职业规范[13]。

数据隐私是指公民对其个人信息的收集和使用拥有控制权[13]。

数据保护是隐私权的一部分。确保用户数据和敏感信息的安全是保护用户数据隐私的第一步[13]。

在管理信息资产的过程中，我们需要考虑：

1）身份伦理问题：我们需要评估 Meta（原名 Facebook）、领英（LinkedIn）和位置跟踪等技术的使用是否合理，以及它们可能带来的伦理挑战。例如，保险公司是否应该因为某些地区的居民收入较低、犯罪率较高而对他们收取更高的保险费用，这是一个需要深思的伦理问题。

2）如何以符合伦理的方式使用信息来造福人类。
3）我们如何在最大化商业利益的同时最小化伤害。

董事们需要提升自己在数据和隐私方面的知识和素养，以便于理解自己的职责所在并在必要时寻求专家意见[14]。

董事和董事会有责任确保他们的组织能够充分利用数据驱动的机遇，同时将隐私保护纳入公司治理、控制和管理的各个方面。如果在这方面做得不够，不仅可能会错失商业机会，还可能面临法律风险[15]。

5.12 思考题

1. 风险

1)你的组织因信息资产管理不善而面临的风险包括:

① 被那些能够以更高效利用其信息资产的竞争对手超越?

② 丢失宝贵的知识产权和关键的企业知识?

③ 因为不当决策、恶意攻击或员工的无意失误,使组织的声誉受损?

④ 无法从灾难中恢复,或者在法律诉讼中处于不利地位,甚至无法满足法律法规的要求?

⑤ 决策质量差、沟通不畅、员工挫败感强和满意度低?

2)如果你对信息资产所固有的风险一无所知,又怎能确保你正在有效地保护它们呢?

3)你需要做些什么来保护你的有价值且易受攻击的信息资产?

2. 成本

1)你的组织在信息资产管理上投入了多少成本?

2)你的组织因回复不必要的电子邮件、搜索那些你找不到但确信存在的信息,以及因错误信息导致的失误而产生的成本和浪费是多少?

3. 价值

你的信息资产有何价值:

1)对你个人而言,有何价值?

2)对你的竞争对手而言,有何价值?

3)对黑客而言,有何价值?

4. 收益

妥善的信息资产管理对你的组织而言有什么收益?你的组织:

1)收入增加多少?

2）成本降低多少？

3）生产力提高多少？

4）市场响应速度提高多少（更快、更便宜、更高质量的产品开发）？

5）客户交付和服务水平提升多少？

5. 伦理

1）贵组织在保护隐私方面的策略有哪些？

2）贵组织的隐私绩效是如何衡量的？

3）你采取了哪些措施来确保信息资产的管理符合伦理准则？

4）信息质量低下对贵组织遵循伦理准则做决策的能力有何负面影响？

6. 通用

1）贵组织如何评估由于信息资产管理不善所带来的业务影响？

2）这些业务影响是如何显现和明确的？更重要的是，它们如何被识别和记录下来从而得以解决？

5.13 参考文献

［1］LANEY D. Interview［J］. 2022-04-12.

［2］Oxford University Press. Privacy［Z］. Oxford Dictionary. 2024-01-31［2024-01-31］. Available at：https://www.lexico.com/definition/privacy.

［3］Office of the Australian Information Commissioner. Budget［Z］. 2019-20［2024-01-31］. Available at：https://www.ag.gov.au/about-us/publications/budget-2019-20/portfolio-budget-statements-2019-20/office-australian-information-commissioner.

［4］Foundry. IDG Security Priorities Study［R］. 2021［2024-01-31］. Available at：https://f.hubspotusercontent40.net/hubfs/1624046/R-ES_SecurityPriorities_02.17.22.pdf.

［5］Nixu. Annual Report［R］. 2021［2024-01-31］. Available at：https://

www. nixu. com/release/nixu-annual-report-2021.

[6] Egress. Insider Data Breach Survey[R]. 2021 [2024-01-31]. Available at: https://www. egress. com/media/4kqhlafh/egress-insider-data-breach-survey-2021. pdf.

[7] News. com. au. 10 Per Cent of Optus Customers Leave after Cyberattack [N]. 2022-10-31 [2024-01-31]. Available at: https://www. news. com. au/finance/business/other-industries/10-per-cent-of-optus-customers-leave-after-cyberattack/news-story/431a0661233a698eb3a6d2bb7c68562c.

[8] Australian Financial Review. Medibank Breach to Hit Substantially More Customers [N]. 2022-10-26 [2024-01-31]. Available at: https://www. afr. com/companies/financial-services/medibank-breach-to-hit-substantially-more-customers-20221026-p5bsxs.

[9] News. Law Firms Launch Data Breach Legal Case against Medibank. How Will It Work and Who Will Benefit? [N]. 2023-01-17 [2024-01-31]. Available at: https://www. abc. net. au/news/2023-01-17/medibank-hack-data-breach-complaint-explainer/101858182.

[10] LANEY D B. Infonomics: How to Monetize, Manage and Measure Information As an Asset for Competitive Advantage [M]. New York: Routledge, 2018.

[11] O'BRIEN D. Interview [J]. 2022-02-02.

[12] Worthington-Eyre P. Interview [J]. 2022-05-02. Available at: https://example. com/worthington-eyre-interview [2024-01-31].

[13] KNIGHT M. What Is Data Ethics? [EB/OL]. Dataversity, 2021-05-19 [2024-01-31]. Available at: https://www. dataversity. net/what-are-data-ethics/.

[14] Damien Manuel. Australian Information Security Organisation [EB/OL]. [2024-12-20]. Available at: https://www. aicd. com. au/good-governance/data/technology/new-governance-data-privacy. html.

[15] CROMPTON M, Trovato M. The New Governance of Data and Privacy [EB/OL]. Australian Institute of Company Directors, 2018 [2024-12-20] / Available at: https://www. aicd. com. au/good-governance/data/technology/new-governance-data-privacy. html.

第6章

信息资产的高管意识重要性分析

6.1 内容介绍

第5章详细探讨了信息资产管理有关的各类业务影响，主要包括：风险、成本、价值、收益、伦理。

我们发现，信息资产的妥善管理可以带来非常显著的、有形的、积极的业务成果，而信息资产的管理不善则有可能带来不可接受的风险，以及令人不快的后果。

在本章，我们将深入探讨信息资产的高管意识对于组织的重要性，以及这种意识如何影响信息资产的管理模式和随之而来的业务影响。

6.2 本章摘要

在高管意识领域，我们对董事会和高级领导团队在信息资产认识水平和倡导力度方面进行评估。缺乏这种意识可能导致问责机制的缺失，进而无人对资产质量负责，也无人对利益相关者从妥善管理这些资产中获得的积极业务影响负责。如果问责机制不健全,就没有人愿意推动建立成功且有效的信息资产管理环境所需的企业纪律。高管意识的不足可能导致对信息资产管理的支持不足。全球各行业和各国家组织普遍存在对妥善管理信息资产所能带来的价值认识不足的现象。

6.3 领域2:高管意识

> 如果高管们能够明确地认可并理解信息资产管理实践对组织业务的影响(领域1),他们将会对妥善管理这些资产给予关注。进一步,如果他们深刻理解自己的信息资产及其治理和管理方式的重要性(领域2),他们将更有可能实施有效的业务治理措施,以确保这些资产得到妥善管理(领域3)。

高管意识领域用于评估董事会和高层领导团队对其信息资产重要性的认识水平,以及他们对这些信息资产重要性的倡导力度,图6.1展示了它在"整体性信息资产管理模型"(HIAMMM)中的位置。

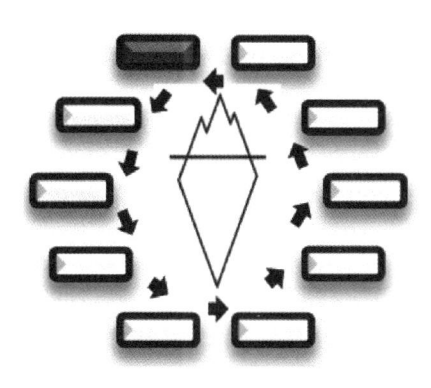

图6.1 高管意识领域在HIAMMM中的位置

正如我们即将在后续章节中探讨的,如果缺乏信息资产管理意识,就没有人需要对这些资产的质量负责,也没有人需要对通过有效管理这些资产而为利益相关者带来的积极商业影响负责,问责机制也就无从谈起。如果问责机制缺失,那么也就没有人会推动建立一个成功且有效的信息资产管理环境所需的企业纪律。如果缺乏信息资产管理意识,高管甚至有可能拒绝提供积极的支持[1]。

在第3章中,我们阐述了许多高管并没有充分认识到他们信息资产的价值及做好相应管理工作的重要性。基于案例证据和研究结果,我们发现:

1) 缺乏正规教育,尤其是在高等教育、研究生教育和高管教育层面。

① 中学虽然提供编程和软件开发课程,并教授经济学的基础知识,但并未涵盖商业知识和资产管理知识。

② 大学虽然对新兴技术充满热情,却往往忽视了基础而重要的事情。

③ 高管教育也没有达到预期目标。即便是在备受尊敬的董事会和高管圈子及协会中,也鲜有对数据、信息和知识管理表现出浓厚兴趣的。网络安全通常聚焦于技术性和基础设施层面,而非战略层面。

④ 澳大利亚治理研究所(Governance Institute of Australia)是一个显著的例外,它在这些领域表现出了较高的关注度。

2) 在职教育很少。一些组织在新员工入职时会提供培训,但很少有组织提供持续教育的机会。

第4章曾经提到,在澳大利亚一次全国性会议上,我询问与会者他们的组织是否制定了信息资产管理政策,以及这些政策是否得到了有效执行。有效的管理离不开管理政策的贯彻执行,也离不开必要的宣贯措施来确保其得到理解和遵守。妥善的信息资产管理,不仅仅需要施行有效的政策，还需营造一种将数据、信息和知识作为重要商业资产进行评估、治理和管理的企业文化。

为了实现上述目标，需要：

1）深刻理解组织信息资产相关的风险、成本、价值、收益和伦理。

2）明确传达企业在信息资产管理方面的期望。

3）提供教育和培训。

6.4　好与坏的表现

在高管意识领域，组织"好的表现"与"坏的表现"详见表6.1。

表6.1　高管意识领域组织"好的表现"与"坏的表现"

"好的表现"	董事会和高层领导深刻理解组织信息资产的价值和重要性，并要求对这些资产进行有效的治理和管理
"坏的表现"	董事会和高层领导对于将数据、信息和知识作为战略商业资产来管理并不感兴趣。与财务报表不同，信息资产管理并未被纳入董事会议程，董事会也不清楚应该向高层管理提出哪些关键性问题

在我们"理想的实践案例"中，组织的负责人明确表示："信息将成为我们的宝贵遗产。"执行董事，也就是该组织的首席执行官，将该倡议描述为"人人可用的信息系统"。这些领导者深刻理解其信息资产的重要性，并正从组织的最高层级开始引领这项工作。这正是我们所期望看到的情形。

在我们"糟糕的实践案例"中，该组织设定了宏伟的目标：创建一个"卓越的高效组织"，拥有"创新、敏捷和协作的员工队伍"，旨在"向其主要客户，包括该机构的员工、该机构的高管和部长，以及中央政府机构，提供有效和高效的公共服务"。我们曾建议将高管意识和教育作为工作方案中的首要项目之一，并建议实施、衡量和认可组织从妥善管理其信息资产中获得的收益。

然而，大约在该计划进行六个月后，实际进展并不如预期。我们为项目团队和少数业务人员开展了一个严重滞后且效果不佳的意识提升计划。意识提升活动完成后，他们宣称，"你们必须培养出高管意识！"但事实上，他们并没有做到。他们是否取得了应有的收益？同样没有。

另一个典型案例是我们在第 5 章中提到的那个澳大利亚州政府机构。我们估计，通过改进其信息资产管理，该机构每年至少能够获得 1.51 亿澳元的预期收益。这个数值是基于简化后的计算方法得出的，计算逻辑如下所示：

> $729,000,000   2015、2016 年度员工相关费用
> ×20.8%   每周 35 小时，预期生产率提高 7.8 小时
> = $151,000,000 预期年收益

这些不是我们的数据，而是澳大利亚州政府机构的数据，而且他们的估算很保守。这些发现完全没有被采纳。可能的原因如下：

> 7,500 名员工，
> 3,508 名符合条件，我们咨询了 188 名，
> 其中包括 4 名高管（占比 2.1%）。

高管层对此毫无兴趣，没有参与、没有支持或鼓励，也没有根据调查结果采取任何行动。如果我是那个州的纳税人，我会非常愤怒。

第三个案例是关于一个州政府部门的，据说他们：

1）提前释放了 36 名囚犯重返社区，还将 1 名囚犯的关押时间错误地延长了 5 年。

2）使用微软日历来管理案件。

3）信息管理团队的 8 个职位描述中包括"接电话、给复印机装纸和拆除订书钉"。

通过信息资产管理成熟度评估，发现每人每天浪费 3.88 小时，每人每周就是 19.4 小时，大约相当于每周工作时间的 51%。保守估计，如果该机构能够有效管理其信息资产，它每年将获得超过 1835 万澳元的业务收益。

改善信息资产管理实践能够在多个领域为组织带来显著的额外收益。根据调查，70% 的受访者认为沟通将得到改善；62% 的人指出，他们将获得更高质量的数据和更准确的情报；此外，47% 的受访者提到社区、员工和囚犯的安全管理水平将得到提升，而 44% 的人认为业务效率将得到提高。改善信息资产管理实践还可以在多个方面降低风险。67% 的员工认为决策不佳的风险将被减轻，59% 的人指出安全风险将降低，54% 的受访者认为不合规风险将减少，34% 的人提到羁押事件将减少，而 32% 的人认为声誉损失的风险将降低。

对妥善管理信息资产所能带来的价值缺乏认知问题，并不仅限于公共事业部门，企业同样面临这一挑战。以一家拥有 589 名员工的矿业公司为例，该公司进行了一次信息资产管理成熟度评估。评估结果显示，通过业务流程改进该公司每年能够获得近 2400 万澳元的潜在收益，其首席执行官显然更关注"减员增效"，他问：

"这个潜在收益数字是从哪里来的？"

"来自生产效率的改进。"

"非常好。那我能解雇哪些人？"

> "你不能因此解雇任何人。"
> "既然如此,你的论点不成立。"

我们基于上述案例的研究结果表明,高管们认识到数据、信息和知识是重要的商业资产,但他们缺乏对这些资产应该如何管理的具体理解。所以,他们需要被说服,需要相信投资于信息资产的有效管理会产生可观的收益。

组织没有意识到问题所在,他们没有充分意识到未能有效管理其信息资产可能带来的风险:

> 甚至在我自己心中,我也不确定是否存在需要解决的问题。因为存在问题意味着,组织目前的运转方式存在不足。

一位澳大利亚律师事务所的管理合伙人提出了一个引人深思的问题:

> "我们每天都在努力管理'信息',结果却不尽人意,我们处于次优状态。但这真的意味着我们遇到问题了吗? 不一定。"

在信息资产管理领域,正规的培训几乎是一个空白。无论是高等教育、研究生教育还是高管教育,都鲜有涉及;在职教育和入职培训也是同样缺乏。一家运输公司的首席信息官评论说:

> "我刚刚完成了 MBA 课程,学习了战略、风险、治理、财务、IT、人力资源等各个领域的知识,但令我惊讶的是,竟然没有一门课程涉及信息管理。"

一家制造公司的首席执行官证实了这一点。他回忆自己的 MBA 学习经历时说:

> "IT 是课程的一部分，这至少让你在与 IT 专业人士交流时不会显得毫无头绪。"他进一步指出，"它（信息管理）尚未成为一个公认的独立学科。人们往往将其与信息技术混为一谈，然而它们并不相同。"

一家汽车服务组织的首席财务官指出：

> "澳大利亚董事的培训课程虽然涵盖了 IT 和财务领域，但缺乏信息管理的专业内容。"

一位首席信息官观察到：

> "随着管理者在组织中的晋升，他们往往越来越忽视信息资产的管理。"

此外，一位董事会成员用一个形象的比喻描述了信息：

> "信息就像一把果冻，它是一种无定形的概念。"他进一步指出，"人们并不真正理解信息是什么，应该如何管理它，以及如何界定其关键绩效指标。"

对于高管而言，关键问题在于如何量化并可视化可能影响到宝贵且脆弱的资产的相关风险和机会。要实现信息资产的妥善管理，这种能力是不可或缺的。我们将在第 14 章"投资理由举证"中进一步探讨这个问题。

6.5　思考题

1）你组织中的高管对信息资产所固有的风险、成本、价值和收益的认识程度如何？

2）这种意识（或缺乏意识）是如何体现出来的？

3）如果一个激进的竞争对手想要摧毁你的企业，他们需要采取什么措施？

6.6　参考文献

[1] EVANS N, PRICE J. Enterprise Information Asset Management: The Roles and Responsibilities of Executive Boards [J]. Knowledge Management Research and Practice, 2015, DOI: 10.1057/kmrp.2014.39.

第 7 章

业务治理和管理为什么至关重要

7.1 内容介绍

第 6 章深入探讨了信息资产的高管意识对于组织的重要性,以及这种意识如何影响信息资产的管理模式和随之而来的业务影响。

本章将深入探讨以下主题:

1) 讨论问责制和责任之间的区别,区分治理和管理。

2) 强调这些概念对于创造一个有利于妥善管理信息资产的业务环境的重要性。

3) 检查董事会和首席执行官在责任分配和问责制以妥善管理信息资产方面的作用。

理解并区分这些概念之间的细微差别是至关重要的。大多数组织都有数据和信息治理的框架,但证据表明,如果没有坚实的业务治理基础,这些往往是无效的。

7.2 本章摘要

业务环境主要涉及组织的治理和管理,这是确保活动有效进行和资源合理配置的基石。治理关注的是必须做出哪些决策,以及谁有权做出这些决策以保障管理的有效性。业务（公司）治理涉及对组织整体的监督和控制，而资产治理则专注于特定资产的监督和控制。董事会和首席执行官通常清楚他们在确定谁对金融资产（资金）和实物资产的治理和管理负责方面的角色。然而，他们往往没有意识到信息资产同样需要同等级别的关注和治理。我们在研究中发现，缺乏有效的业务治理是导致组织未能成功管理其信息资产的一个重要原因。

7.3 领域3：业务环境

> 当董事会和首席执行官充分认识到有效信息资产管理的重要性（领域2），他们便会着手实施强有力的业务治理措施，以确保这些资产得到妥善管理（领域3）。在良好的组织治理框架下，领导者和管理者将通过自己的行为树立榜样，进而培育出一种积极管理信息资产的企业文化（领域4）。

业务环境领域关注企业整体的治理和管理，图7.1展示了它在"整体性信息资产管理模型"（HIAMMM）中的位置。它考虑了组织的业务治理，通常涉及"谁有权做出什么决策"的问题，它所处的层面比组织资产治理和管理更宏观。

第1章指出了高管在企业层面的关注点，而第4章介绍了一个冰山结构的整体性模型。在这个模型中，水面之上的部分代表着业务领域，而水面之下的部分则代表着信息资产管理领域。业务环境领域涵盖了组织的几个关键方面：

1）企业/部门的使命、愿景、目标和目的。
2）企业战略以及如何实现这些目标和目的。

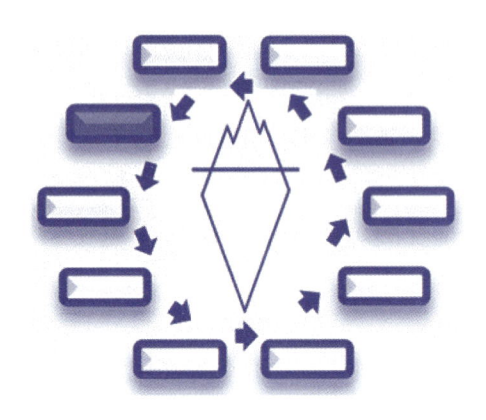

图 7.1 业务环境领域在 HIAMMM 中的位置

3）开展业务活动的职能和业务流程。

4）组织的能力通过其拥有的资源体现，这些资源支持其活动和流程的开展。

5）治理、管理和部署这些资源实现价值和成功概率的最大化。

6）文化和语言。

7.4 治理与管理

组织的治理和管理决定了其活动的开展方式和资源的配置方式。在第 1 章中，我们指出治理和管理是两个不同的概念。为了阐释这个观点，我们将审视所有组织都治理和管理得最好的资产：金融资产。

澳大利亚治理研究所将治理定义为"组织被控制和运转的系统，以及该组织及其人员被追究责任的机制。道德伦理、风险管理、法律合规、行政管理都是治理的要素"。治理是指必须做出哪些决策（决策领域）以及由谁负责做出这些决策（决策问责的归属），以确保有效管理（执行这些决策）[1,2]。治理就是监督和控制，意在做正确的事[3]。管理是指实际做出并实施决策，特别是关于资源配置的决策[4]。管理就是通过执行来实现业务价值，意在正确地做事。治理和管理之间的区别适用于所有决策领域，包括与数据、信息和知识相关的决策。

至少存在两个层面的治理，即业务治理和资产治理。业务治理提供对整个组织的监督和控制，而资产治理则提供对特定资产类型的监督和控制。

7.4.1 业务治理

业务治理适用于企业的最高层级。董事会和首席执行官决定谁对整个业务的决策负责。他们指定一个人负责管理和利用业务不同部分的特定资产——这个人是该资产的最终责任人。问责制被定义为，"确保任务圆满完成的责任"[5]。就金融资产而言，董事会和首席执行官会任命一位首席财务官（CFO），并让他对这些资产负责。因此，业务治理的一个关键任务是监督和控制高级管理人员的行为，他们配置自己可支配的资产并负责组织的管理。

7.4.2 资产治理

资产治理适用于资产层面，它专注于特定资产的问责。首席财务官（CFO）在组织中承担着财务资产治理的职责，他负责业务中财务资产有关的监督和控制。除了日常管理事务之外，首席财务官要负责制定财务战略、确定年度预算、开发并维护资产管理框架（科目表）和配套工具（资产负债表、损益表、现金流量表）；负责将责任和权力委托给一群经过仔细挑选的管理人员，确保他们能够在特定时间范围内针对特定用途合理使用资金；首席财务官还要向首席执行官（最终是董事会）报告组织财务资产的使用情况。如果首席财务官未能妥善管理组织的财务资产，可能会被解雇；如果他擅自挪用资金，则可能面临牢狱之灾。金融资产方面的问责机制是实实在在的，责任最终会落在首席财务官身上。同样的模式也适用于其他类型的资产，比如说人力资产由首席人力资源官负责，有形资产由现场经理/IT 经理负责。

7.5 管理

管理的重点是决策的制定与执行[4]，它通过执行来实现业务价值，意在正确地做事。

首席财务官负责资产治理而非管理。金融资产的管理是由那些被授予权限和责任的人员执行的，他们在特定时间范围内针对特定用途花费特定数额资金。这些人负责资金的使用，并确保组织从这笔支出中获得价值，其责任被定义为"圆满完成任务的义务"[5]。

7.5.1 资产管理

澳大利亚资产管理委员会将资产管理定义为"对有形资产的生命周期管理，以实现企业既定的产出"，这个定义并未提及无形资产。牛津大学的定义则更为全面，简洁明了地将其描述为"积极管理资产以优化投资回报"。

表 7.1 提供了一个框架，总结了大多数组织中典型资产类型的业务治理、资产治理和资产管理之间的关系。

金融资产的管理是一个复杂的过程，通常依赖于一个名为科目表的框架（科目表是一种分类系统，它确保了支出能够被准确地分配到正确的会计科目中——译者注）。没有科目表，支出可能会被随意分配，这将导致财务报告和管理的混乱。此外，金融资产还通过资产负债表、损益表等财务工具进行管理和报告。

表 7.1 业务治理、资产治理与资产管理

	业 务 治 理	资 产 治 理	资 产 管 理
活动	对业务的监督和控制。决定谁做出什么决定，即谁将对指定资产负责 在业务层面做正确的事	对特定类型资产的监督和控制，即制定战略、政策、工具、度量和报告 在资产层面做正确的事	资产的日常管理 做出决策并执行 意在正确地做事
问责制与责任	问责制 业务层面的第一责任人	问责制 资产层面的第一责任人 通常指向特定一个人	职责 可以由多人分担
主体	• 董事会：主席 • 业务：首席执行官（CEO）	• 金融资产：首席财务官（CFO） • 人力资产：首席人力资源官（CHRO） • 有形资产：现场经理、IT经理 • 无形资产：无名氏	那些被授权的人
谁向谁报告	金融资产：CEO使用财务报表向董事会报告	负责资产的人员向首席执行官报告	• 金融资产：财务部门报告收入、支出 • 人力资产：HR部门

（来源：Experience Matters）

对于人力和有形资产的管理也同样重要，如表 7.2 所示。

表 7.2 各类资产的框架、工具、责任与问责制

资　　产	框　　架	工　　具	责　　任	问　责　制
金融资产	会计科目表	资产负债表 损益表	委托授权	首席财务官 CFO
人力资产	组织架构图	角色及职责 关键绩效指标（KPI）	分级管理	首席人力资源官
有形资产	资产登记册	维护和改进计划	委托授权	物业经理 现场经理 IT 经理
无形资产	业务分类方案	元数据模型 安全模型 保管期限表	所有人??	没有人??

（来源：Experience Matters）

很少有组织建立正式的框架来管理他们的信息资产，即便个别组织建立了这样的框架，其内部成员也往往对这些框架缺乏深入理解。大多数高管根本不知道业务分类方案是什么，更不用说理解它的战略价值了。业务分类方案是一种关键的信息管理工具，它可以被看作是一种信息科目表，类似于财务资产的会计科目表。尽管大多数组织至少拥有一些工具来管理信息资产的整个生命周期，但如第4章所提到的，仅仅制定信息资产管理政策是不够的。政策的执行同样重要，这需要伴随着对良好信息管理行为的奖励和对不良行为的惩罚。最关键的是，很少有组织指定了一个真正负有责任的高管来监督信息资产的质量。这意味着在数据、信息和知识的质量不佳时，并没有一个明确的负责人需要为此承担责任（如：被解雇）。

7.5.2　业务治理的重要性

如果没有明确的问责机制，就很难做到责任到人。组织的领导者、管理层和基层员工都不会关心不需承担责任的事情，那些事情也不会有人完成。因为他们既不会因未完成任务而受到惩罚，也不会因完成任务而得到奖励。

董事会和首席执行官通常可以认识到他们在确保有形资产得到妥善治理和管理方面的责任，但往往忽视了信息资产的重要性。我们曾经跟一位董事有过如下一段对话：

> 问：你有没有参与过任命专人负责管理组织的信息和知识？
> 答：没有……这不是董事会的工作。

7.6　好与坏的表现

在业务环境领域，组织"好的表现"与"坏的表现"详见表7.3。

表 7.3 业务环境领域"好的表现"与"坏的表现"

	业务治理	资产治理	资产管理
"好的表现"	资产的有效管理责任被明确地分配给特定的个人,其职位稳定性通常与他们实现资产愿景和目标的能力直接相关。组织通过绩效评估体系衡量干系人的表现,表现出色者将会获得奖励。以首席财务官为例,如果对组织的金融资产管理不善,他(她)可能被解雇;如果擅自挪用资金,他(她)可能面临牢狱之灾	数据、信息、内容和知识被作为战略性商业资产进行治理。问责制确定的管理者根据员工的工作表现来衡量和奖励他们。信息资产管理的原则、战略、政策、指导方针和工具不仅有效,而且得到了维护,并被严格遵守	组织根据管理层和员工在信息资产管理方面的表现,尤其是他们所负责的信息资产质量,来进行评估和奖励。组织内部已经形成"理解信息资产的价值并关心它们的管理和利用"的文化氛围
"坏的表现"	缺乏明确的责任分配。没有人对组织信息资产的管理负责,员工对于遵循资产管理政策和行为规范要求漠不关心	信息资产的所有权和责任界定不明确,管理责任默认落在 IT 部门身上。IT 部门的 KPI 设定偏重于技术运维(如:系统吞吐量、系统运行时间),而非信息资产质量。对信息资产生命周期的理解不充分,尽管已有一些政策和标准可以指导信息资产管理,但这些工具在实际操作中却没有得到开发和执行	管理层和员工对他们的信息资产漠不关心。那些负责信息资产管理的人的职位描述包括"接听电话、为复印机装纸和拆除订书钉"(这是真实案例)。信息在多个存储库中以多种版本存在,并被标记为不同的名称。人们无法在正确的时间找到他们需要的信息

7.7 业务框架

组织必须建立资产管理框架体系,它通常包括会计科目表、组织架构图、资产登记册等关键组成部分。真正有效的资产管理框架是与业务高度契合的,当它与业务高度契合时,能够带来以下优势:

1)直观:框架直观反映了组织的实际运作方式(使得员工能够

更容易理解和遵循，有助于提高参与度和执行效率——译者注）。

2）稳定：组织的核心业务往往相对稳定，变化不大。以 Experience Matters 为例，其业务在 20 多年内没有发生重大变化，它一直是信息资产管理领域的顾问公司（稳定的框架能够提供持续的指导和支持，减少因业务波动带来的管理挑战——译者注）。

一家澳大利亚矿业公司被收购，一度成为世界上最大的同类公司。该公司即将上任的澳大利亚和亚洲区董事、总经理意识到，我们已经帮助他们绘制了业务活动图，以创建一个与他们的数据、信息和知识资产相匹配的框架。他要求我们将组织的全球会计科目表与业务活动图进行核对。他说：

> 你们已经向我证明，我们的全球会计科目表没有包括我们的首要任务——人身安全活动。它也没有包括对矿业公司至关重要的环境管理，没有包括董事会治理。我得出的结论是，我们用来管理财务资产的基本框架与我们的业务并不相符。

7.8 缺乏业务治理

在我们的研究中，缺乏业务治理被认为是组织未能成功管理其信息资产的一个重要原因。

我们在第 3 章中介绍的董事会成员指出，从董事的角度来看，除非出现问题，否则数据、信息和知识的管理通常是不可见的。

> 董事：从一个董事的视角来看，通常不会意识到数据管理的重要性。我的意思是，除非出现意外问题，否则这根本就不在我们的制定并监督组织战略施行的框架之内。现在，是否应该将它们纳入进来？你可能会告诉我，"是的，我认为应该纳入进来"。

> 詹姆斯：这应该由你们来确定。
>
> 董事：嗯，目前它尚未被纳入监控范围。
>
> 詹姆斯：是的。那为什么它没有被纳入监控范围？
>
> 董事：我们认为，它的风险还不足够大。
>
> 詹姆斯：因为事情的进展一直非常顺利，所以没有必要？
>
> 董事：是的……从董事会的角度来看，其核心职责主要集中两个关键领域。首先，董事会负责制定组织的长期战略，并监督这些战略的实施。其次，在出现问题时，董事会尽可能有效地解决问题。这些事情（信息资产治理及管理等有关事项——译者注）既不属于战略制定与实施的范畴，也不属于紧急问题处理的范畴，它们通常不会引起高层的注意。你知道的，如果我们的律师开出3000万澳元的年费账单，你会追问这笔支出的必要性，以及有没有更好的替代方案。也许会有，但是，这（信息资产治理及管理等有关事项——译者注）根本就不在我们的议程上。

董事进一步指出：

> 推动信息管理发展成为组织风险的过程中，你们所面临的挑战是让它看起来像是风险。对我来说，它看起来并不像风险。
>
> 信息不像其他的资产那样直观可见。如果你挪用了100万澳元，这很容易被发现。这是100万澳元，它在哪里？如果你丢失了一辆卡车，卡车在哪里？股东们关注的是澳元、实物资产、实物负债、财富的创造——你知道的，[敲击声]这里有什么实实在在的东西。但信息资产是模糊不清的。

然后我们开始认识到其中的矛盾：

> 每个人都在一定程度上管理着自己的信息。每个人都理解它的重要性。我的意思是，如果我们在正确的时间找不到一封重要的电子邮件，你会开始感到紧张和焦虑。如果这是一封非常关键的邮件，你必须回复它，否则会有金钱损失，你就会非常焦虑。

在组织中的各个层级清晰地定义问责制将有助于妥善管理信息资产。一位大型银行的高管指出，对于谁应该承担责任存在不同的看法，并补充说"关于谁该负责的问题，在我们这里还没有得到彻底解决"。

那些在职业生涯中做得很好的年长人士，当他们退休时，常常成为非执行董事。我喜欢问他们多久要求查看一次财务报表，即组织财务资产管理得如何的报告。他们说：

> 詹姆斯，我们在每次董事会会议上都会要求查看财务报表，每个月都会。

我回答说：

> 那太棒了。那你们多久要求查看一次信息报表，即组织最重要的资源——其信息资产管理得如何的报告？

他们先是无言以对，随后就会问我，"它们是什么？"

在序言中我们曾经向一家石油和天然气生产商提出一个假设性的问题：如果该组织以管理信息资产的方式管理其财务资产，结果会如何？他们的回答是，"我们一周内就会破产"。针对这个问题，华盛顿一家律师事务所的股权合伙人表示"我们将在周四之前倒闭"。换句话说，他们根本就没有治理或管理他们的信息资产。

一个积极的案例是，一支澳大利亚警察部队认识到，为了打击日益复杂的犯罪活动，他们需要从被动反应转变为预先防备。他们还意识到：

1）想要预先防备，就需要提前预测。
2）想要提前预测，就需要从信息中获得观点。
3）想要获得可靠的、高质量的观点，就需要高质量的数据。
4）想要获得高质量的数据，就需要一个"单一真实来源/单一记录系统"。
5）想要单一真实来源，就需要企业纪律。
6）想要企业纪律，就需要管理和激励。
7）想要管理和激励，就需要公司治理。

7.9 思考题

1）董事会多久要求查看一次财务报表——也就是关于组织财务资产管理得如何的报告？董事会多久要求查看一次信息资产报表——也就是关于组织信息资产管理得如何的报告？

2）谁才是那个如首席财务官一般，真正对组织信息资产的质量负有责任的人？

3）那个负责的人拥有何种权力来执行企业信息资产管理原则和标准？

4）如果你的首席信息官负责组织的信息资产质量（成功则获得奖励，失败则被解雇），他/她将需要什么才能成功？

5）如果你的首席信息官被要求对组织所提供信息的准确性、相关性和及时性负责，他或她将要求什么？

6）如果你所在组织的高管没有管理好其信息资产，原因何在？

7.10 参考文献

[1] EVANS N, PRICE J. Responsibility and Accountability for Information Asset Management (IAM) inOrganisations [J]. Electronic Journal of Information Systems and Evaluation (EJISE), 2014, 17 (1): 113-121.

[2] EVANS N, PRICE J. Managing Information in Law Firms: Changes and Challenges [J]. Inf. Res., 2017, 22 (1).

[3] LADLEY J. 2022-02-10. Interview [Z].

[4] KHATRI V, BROWN C V. Designing Data Governance [J]. Communications of the ACM, 2010, 53 (1): 148-152.

[5] MCGRATH S K, WHITTY S J. Accountability and Responsibility Defined [J]. International Journal of Managing Projects in Business, 2018, 11 (3): 687-707.

第 8 章

领导力与管理促进信息资产实践

8.1 内容介绍

在第 7 章,我们:

1)讨论了问责制和责任的区别,以及治理和管理之间的差异。

2)强调了它们在创造一个有利于妥善管理信息资产的业务环境中的重要性。

3)探讨了董事会和首席执行官在责任分配和问责制以妥善管理信息资产方面的作用。

本章将探讨以下主题:

1)领导力与管理在信息资产管理行为方面的奖优罚懒作用。

2)如何创建必要的企业纪律,将数据、信息和知识作为战略性商业资产进行管理。

如果没有良好的领导力与管理,组织将永远无法实施所需的标准和行为,以实现妥善的信息资产管理。

8.2 本章摘要

领导力和管理是构建企业纪律、管理工具、衡量标准和激励机制的基石,对于将数据、信息和知识有效地作为战略商业资产进行管理至关重要。领导者必须超越传统的管理视角,从整个组织的宏观角度来审视和利用数据、信息和知识等至关重要的无形资产。组织变革需要具备远见卓识的倡导者和推动者,他能够洞察数据和信息的潜在价值,负责将其转化为企业的竞争优势。变革的倡导者和推动者必须是组织的高层管理者。

8.3 领域4:领导力与管理

> 在一个积极的业务环境中(领域3),组织的领导和管理者以身作则营造出重视信息资产管理的文化(领域4)。凭借坚定的领导力与管理(领域4),信息资产管理的相关政策和工具将得到认真执行并激励全员遵守,这将共同营造出一个高效的信息资产管理环境(领域5)。

领导力与管理领域关注组织在信息资产管理方面的人力资源、组织结构、角色定位、企业文化、行为准则和激励措施,图8.1展示了它在"整体性信息资产管理模型"(HIAMMM)中的位置。

卓越的领导者和管理者将解决一系列问题,包括:
1)组织结构。
2)企业文化和行为准则。
3)资源。

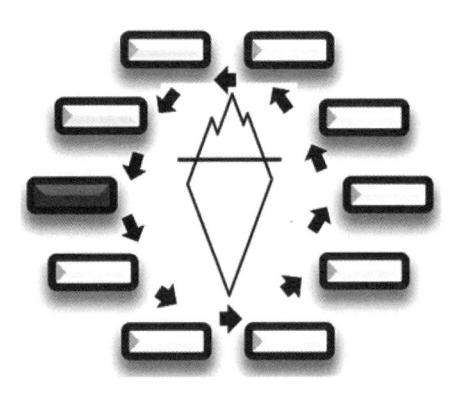

图 8.1 领导力与管理领域在 HIAMMM 中的位置

4）角色。
5）度量标准。
6）激励措施。
7）组织员工完成工作的能力。

8.4 好与坏的表现

在领导力与管理领域，组织"好的表现"与"坏的表现"详见表 8.1。

表 8.1 领导力与管理领域组织"好的表现"与"坏的表现"

"好的表现"	在关键绩效指标和相关激励措施的推动下，通过教育和培训的支持，确保组织的信息资产获得普遍的重视、管理、利用和保护，就像组织的财务资产、有形资产和人力资产一样
"坏的表现"	最糟糕的情况下，管理信息资产被视为一项乏味的行政开销，最多被视为合规问题。信息管理者的职位描述包括诸如"接电话、给复印机装纸、拆除订书钉"和"购买牛奶"之类的任务。良好的信息资产管理行为没有得到奖励，不良行为也没有受到遏制

卓越的领导力与管理可以营造一个鼓励并接纳积极变革的环境[1]，我们首先来看一个正面的案例。某个州的卫生部在全州的城市公共卫生体系（包括八大主要公立医院）中实施了一个临床信息系统。医院系统的负责人意识到，他需要制定沟通策略和计划来支持这项耗资9400万澳元的项目的实施工作。

他所制定的沟通计划提高了利益相关者的共识、降低了项目实施风险、减少了项目竞争导致的资源浪费，同时加速了整体解决方案的认同和采纳，从而加快了商业回报。

随后，三家医院的首席执行官分别跟这位医院系统负责人主动接洽，请求将该项目作为实施大型软件解决方案的标杆示范。这些首席执行官对如何访谈每个利益相关者群体以及满足其需求印象深刻，每个群体清楚地知道自己将如何受益。首席执行官们知道这将如何影响他们的风险和利润，医生们知道这将如何影响他们在病床旁的工作，护士们知道这将如何影响他们的工作条件，而部长知道这将如何影响他的政治前途。

新一届州政府班子上任时，州部长与卫生部会面，针对该项目启动了调查以确定是否可以削减开支。卫生部建议州部长直接访谈那些理应从该项目受益的一线人员，如果他们的需求没有得到满足，项目可以被取消。根据调查呈现出的社会效益，该项目的预算不仅没有降低，反而从9400万增加到1.1亿澳元。

接下来再看一个反面案例。为了满足合规要求而制定的信息资产管理制度被闲置不用，如同被丢弃在货架上积尘；同时，缺乏组织结构和治理机制，以及缺少政策宣贯等必要的员工培训活动。遵守信息管理制度的行为没有得到衡量和激励，信息资产管理工作被错误地推诿给IT部门全权负责，导致了信息混乱的结果。

这引出了一个关键问题：有多少股东真正了解其组织资产管理的实际情况？当网络攻击导致股价和市值大幅下跌时，股东们可能会深刻理解其资产管理状况。然而，在日常生活中，很少有人真正了解组织资产日常管理所耗费的成本。如果他们对这些成本有了深入了解，我们有理由相信他们会极为不满。

我们还记得第 6 章中提到的州政府机构，该机构虽然组建了一个包括 8 名成员的信息管理团队，却指派他们执行那些琐碎的日常工作，而与此同时，该机构浪费了其全体员工工作时间的 51%。

我们的研究结果表明，很少有组织将他们的数据、信息和知识视为战略性商业资产。大多数受访者声称，图书管理员或首席信息官（IT 经理）承担了其组织的信息资产管理职责。这样的问题在于，尽管图书管理员是信息资产管理领域的权威专家，但他们的级别不够高；同样地，虽然 IT 经理有责任向需要者提供信息资产，但他们往往缺乏信息资产领域的专业知识，也不具备维护高质量信息资产的权威性。

8.5　缺乏高层支持

除了董事会，首席执行官（CEO）通常是唯一能够从整个企业的角度全面审视公司总体表现的领导者，他们更关注企业的长期发展和可持续的价值创造。一家金融机构的首席信息官（CIO）表示：

> 公司高层对于信息和知识的价值持有一种放任不管的态度，我认为针对信息资产的主题讨论很难引起关注。

一位地方议会的首席信息官 CIO 观察到，其组织在信息资产管理方面缺乏明晰的愿景和战略规划：

> 组织尚未充分认识到，适度增加对信息资产的投资能够带来显著的回报。等到五年任期结束时，如果回顾过往的成就，我们想到的可能只有忙碌，而且大部分时间都在忙着做日常维护工作。

一家金融机构的数据经理指出：

> 我们目前仍然对高层的实质性支持缺乏足够的信心。虽然高层在言语上给予了充分的肯定，但我们面临的主要挑战在于如何确保这些"口头支持"能够转化为具体行动。

另一家金融机构的经理观察到：

> 组织的关注点主要集中在企业的有形资产上——那些支撑业务运作的硬性条件，其战略重心在于产品上市、销售增长、款项回收、投资收益和费用管理。

8.6　缺乏妥善管理信息资产的激励

员工通常更关注那些能够衡量并带来个人奖励的目标。一位董事指出：

> 员工需要在规定时间内完成预定目标或为企业创造新的收入来源，这导致他们可能缺乏为公司整体利益而进行协作的动力。

信息服务公司的首席执行官（CEO）也认同这一观点：

> 员工会根据预定目标来管理自己的工作，因为他们的激励与预定目标紧密相关，他们也会从这个角度去推动工作。

8.7　组织必须向利益相关者展示收益

一家律师事务所的首席信息官（CIO）表示：

我们需要向人们阐明，改进措施所产生的具体收益，而不能仅仅止步于发号施令。

一位首席财务官（CFO）指出：

与众多的其他组织一样，我们也在致力于提升信息管理能力。但目前还没有将其作为一项公开的优先事项，也没有投入充分的资源来实现其潜在价值。我认为，如果组织能够真正理解信息资产的价值，那么管理层将会彻底改变目前的想法和做法。

非常意外的是，一位地方议会的首席信息官（CIO）宣称：

我有很多实际工作要做，我没有时间浪费在信息管理上。

8.8 管理者既没有设定期望也不能以身作则

一家公用事业公司的首席知识官（CKO）指出：

总经理总是假设我们想做的工作是一个技术解决方案，所以我在所有的变革沟通中都非常认真解释"它不是一个技术解决方案"。

政府部门的首席知识官（CKO）强调：

信息不能被共享、无法被找到，如果关键人员离开，他们所做的所有工作都可能遗留在某个私人驱动器上，无法为他人所用。

一家金融机构的首席信息官（CIO）指出：

管理者往往依赖于个人经验来处理事务，这在一定程度上解释了为何信息资产的管理没有得到足够的重视。许多高层管理者是从基层晋升上来的，这既是一种优势也是一种局限，他们对组织的运营挑战和效率瓶颈有着深刻的理解，已经习惯了在有限的资源下进行应变。这种依赖个人经验和直觉的管理方式虽然在某些情况下有助于快速决策，但在信息资产管理领域，我们需要更加系统和科学的方法。

8.9　文化氛围至关重要但人们抵制变革

变革需要一个强有力的推动者，他负责带领组织跨越变革旅程中的低谷期，这个人必须是组织中具备远见卓识的高管。

一位首席知识官（CKO）指出：

> 人们往往未能习惯于思考，如何让信息资源在其他地方被有效利用，这种观念上的限制，实际上是文化转型中的一大障碍。我认为，这种转变的深刻性几乎等同于一代人的观念更新。

一家律师事务所的管理合伙人观察到：

> 当管理者提出要推行数据、信息和知识管理举措时，组织内部的反应呈现出明显的层级差异。基层普通员工压力大，他们认为自己目前的工作负载已经超出了工作能力的十倍，这些新举措可能会进一步增加负担。中层管理人员忧心忡忡，这些举措将催生更多的工作活动，额外的工作量会耗费更多的精力，他们倾向于将有限的资源和努力投入到他们认为的"真正工作"上。高层管理人员三缄其口，对于实行信息管理举措的提议，他们持谨慎、怀疑的态度，希望这些事情尽早结束，甚至有可能采取某些方法来抵制有关举措的落地，以避免对现有权力结构和利益格局造成影响。

一个政府部门的首席信息官（CIO）指出，错误是不能容忍的：

> 我们需要一种"容错"文化，学习和犯错被视为积极的行为，因为这是个人成长和组织发展的机会。反之，如果存在一种"惩罚"文化——如果我错了就要"砍掉我的脑袋"——那么数据、信息和知识就不会被管理。

我们曾经听过一段源自一家国防制造商的信息系统部门主管的精彩论述，他说：

> 尽管公司拥有宝贵的知识产权，并且面临着来自恐怖主义的破坏和竞争对手的逆向工程等外部威胁，但公司内部的数据质量问题和信息孤岛现象才是真正的战场。没有人愿做出头鸟——至少我不愿意——在全企业范围内去实施一项困难重重、模糊不清的信息管理计划，这样做的最终结局大概率是被解雇。

8.10 思考题

1）你的组织在信息资产管理方面展现了怎样的领导力？这种领导力是如何体现的？

2）你的员工认为组织为信息资产的良好管理提供了何种程度的支持？

3）你的组织如何维持信息资产管理持续改进的企业文化？

4）这种企业文化是如何体现的？组织如何从这种文化中获益？

5）如何衡量和管理良好的信息资产行为，并阻止不良行为？

6）如何激励和奖励良好的信息资产管理行为？

8.11 参考文献

[1] EVANS N, PRICE J. Responsibility and Accountability for Information Asset Management (IAM) inOrganisations [J]. Electronic Journal of Information Systems and Evaluation, 2014, 17 (1): 113-121.

第9章

妥善治理和管理信息资产的前提

9.1 内容介绍

第 8 章探讨了以下主题：

1）领导力与管理在鼓励良好的信息资产管理行为和遏制不良实践方面的作用。

2）如何创建所需的企业行为准则，以将数据、信息和知识作为战略性商业资产进行管理。

本章将探讨组织信息资产的治理和管理。

9.2 本章摘要

适当的信息资产治理（包括管理政策和其他相关工具）是确保信息资产得到有效管理的关键。作为组织治理的主要责任人，董事会和首席执行官（CEO）必须明确指定一位负责人来专门负责信息资产的治理和管理，将这位负责人的绩效考核和奖励跟信息资产的管理成效深度绑定，并且其职务级别应该足以影响到组织的战略决策。信息资产的价值在于其可检索性和可用性，要检索信息，首先需要知道它的名称以及存储位置。

9.3　领域 5：信息资产环境

> 有了坚定的领导力与管理（领域 4），包括政策和其他工具在内的有效信息资产治理和管理环境将被认真实施，并激励员工遵守这些政策，从而形成一个有效的信息资产管理环境。有了有效的信息资产管理环境（领域 5），信息系统更有可能满足其预定目的（领域 6）。

信息资产环境领域涉及组织信息资产的治理和管理，它将业务环境领域的原则应用于组织信息资产的治理和管理，图 9.1 展示了它在"整体性信息资产管理模型"（HIAMMM）中的位置。

信息资产环境领域处理组织信息资产的：

图 9.1　信息资产环境领域在 HIAMMM 中的位置

1）治理与问责制。
2）管理与责任。
3）愿景、使命、战略、目标和目的。
4）资产清单，包括：
  ① 价值——具有价值的数据、信息和知识应当记录在组织的资产登记册上。

② 脆弱性——最敏感和易受攻击的应当记录在组织的风险登记册上，例如个人数据或关键人员。

5）生命周期。

6）框架和工具，包括：

① 原则。

② 政策和工作指南。

③ 访问、安全和隐私。

④ 生命周期管理。

只有通过适当的信息资产治理（管理政策和其他工具），这些资产才能被有效管理。

9.4 好与坏的表现

在信息资产环境领域，组织"好的表现"与"坏的表现"详见表9.1。

表9.1 信息资产环境领域组织"好的表现"与"坏的表现"

"好的表现"	数据、信息、内容和知识作为战略性商业资产进行治理，相关的原则、战略、政策和指导方针都是有效的并得到了遵循，相关工具都是实用的并得到了妥善维护
"坏的表现"	信息资产的所有权和责任界定不清晰，通常默认由IT部门承担，而该部门的关键绩效指标（KPI）主要关注数据吞吐量和系统正常运行时间，而非数据质量。信息资产管理的生命周期及其管理措施未被充分理解，政策方针、公司级业务术语等必要的管理工具既没有被开发也没有被执行

在本书中，我们一直强调在业务和资产两个层面上的治理和管理的重要性。我们阐述了董事会和首席执行官如何让首席财务官（CFO）对公司财务资产的治理和管理负责。然后，CFO负责治理这些资产，并将日常支出和报告的权力委托给资产的日常管理人员。

对于组织至关重要的数据、信息和知识，即信息资产，也应该采取完全相同的做法。那些通过监督和控制来提供业务治理的人，也就是董事会和首席执行官，应该指定专人对信息资产的治理和管理负责。无论这个人的头衔是什么（或许可以称之为首席信息资产官，简称 CIAO），这个人应该根据组织信息资产的质量来接受考核和奖惩。和首席财务官（CFO）一样，CIAO 将负责开发、实施并维护管理信息资产的工具。组织中的每个人都管理着组织的数据、信息和知识，也就是信息资产。这意味着，CIAO 需要像首席财务官（CFO）那样，拥有强制组织全员遵守信息资产标准和行为的实权和权威，如若不然，其他高管团队成员会让 CIAO "哪儿凉快哪儿待着去"。

许多组织都设有首席信息官（CIO），但在大多数组织中这个头衔都名不副实。大多数首席信息官（CIO）实际上是 IT 经理或首席技术官（CTO），只有少数组织会基于组织的信息资产的质量对 CIO 进行评估和考核，极少有组织会因为信息资产的质量不达标而解雇某人。

9.5　首席信息官（CIO）的作用

当前，我们对信息资产的责任归属问题的认识还处于初级阶段。以 ChatGPT 为例，这是一个新兴且引人入胜的工具，它能够在网络上搜索并处理信息。截至 2023 年 4 月 24 日，针对"信息资产是什么，谁应对它们负责？"这一问题，它给出的回答如下：

> 信息资产指的是组织所拥有、创造或在其运营过程中使用的各种形式的数据、知识和信息。这些资产包括但不限于财务记录、客户数据、知识产权、员工信息以及商业秘密，它们可能以多种格式存在，如数字文件、纸质文档以及其他物理媒介。

这是一个极好的回答，它继续说道：

> 信息资产的责任最终应由组织的领导层承担，特别是首席执行官（CEO）和董事会。

又是一个极好的回答。然而，这恰恰是事情变糟糕的起点。

> 现实情况是，管理信息资产的具体职责可能会被委托给组织内的其他个人或部门，例如首席信息官（CIO）、首席安全官（CSO）或数据治理团队。

为什么说这是事情变糟糕的起点呢？我们继续来看 ChatGPT 对"首席信息官"的描述：

> 首席信息官（CIO）负责组织的整体技术战略，包括管理并执行支持业务的技术基础设施、应用程序和服务。首席信息官通常关注技术的运营方面，并确保技术满足业务需求。他们还负责管理 IT 部门，包括招聘和培训员工、制定预算以及确保部门与组织的总体目标一致。

这一发现在 2023 年 3 月面向咨询工程公司的一项调查中得到了证实：

1）艾奕康（AECOM）的 CIO "领导企业的信息技术（IT），并负责开发和执行全球 IT 战略，包括监督其基础设施和运营"。

2）奥雅纳（Arup）的 CIO 负责 "Arup 在全球范围内的战略性数字技术愿景，拥有 20 年以上的技术和数字领导力、数字内容开发、云能力和战略网络安全实践经验"。

3）吉好地（GHD）的 CIO "是负责技术和技术应用的高管"。

我们的研究结果进一步证实了这一点。一位管道运营商的首席知识官指出：

> 首席信息官（CIO）对信息管理不感兴趣。对他来说这不是一个问题，没有人走过去告诉他说你需要把信息管理得井井有条。对他而言，最大的问题在于系统的响应速度和用户体验，这才是他关注的焦点。这并未涉及信息和内容的管理，没有人愿意承担这方面的责任。

由此可见，当下普遍认可的是，信息资产的职责应该委托给：

1) 一位负责技术的首席信息官（CIO）。
2) 一位首席安全官（CSO），但他不负责组织信息资产的质量、开发与利用。
3) 一个数据治理团队，但其职责仅限于数据和治理政策。

这是远远不够的。我们还没有将我们的数据、信息和知识视为至关重要和战略性的商业资产来进行管理。

我们的研究表明，很少有组织理解哪些信息推动了他们的业务，并且缺乏妥善的信息资产治理和管理机制，因而难以支撑组织目标的实现。

一位首席财务官（CFO）评论说：

> 我们还没有很好地定义我们的核心业务是什么。如果我们不能定义我们的核心业务，就很难定义哪些信息对它有价值。

那个被认定负责管理信息资产的人，其所处管理层级往往不能影响组织的战略决策，他们的意见和建议也很难传递到高层。

我们在研究过程中曾经调查过一个管道运营商，其档案管理员负责管理数据、信息和知识，而首席知识官指出，档案管理员在组织中的级别不够，无法发表意见。

> 他的意见被视作噪声，实际工作没有取得任何进展。

她进一步补充说：

> 当我上任之后，我开始定期开会沟通。作为首席知识官我扮演着团队负责人的角色，却没有属于自己的团队。

9.6 妥善治理和管理信息资产的前提

我们在第 2 章中提到，信息只有在能够被检索和使用时才能称之为资产。否则，它会变成负债。要检索信息，只需要知道两件事——它的名称以及它被存储或保存的位置，合理命名信息并将其保存在正确的位置需要企业纪律和激励措施。为了确保信息被正确命名和存储，可以使用文件计划和命名规范，这些方法成本低廉且高效，也可以酌情引入元数据管理和企业级搜索功能等高阶方法，更高级的技术则包括自然语言处理、人工智能等高端工具。

没有必要保存和管理所有信息。我们组织中的大部分信息实际上是无用的（它不相关、不准确、不恰当、不完整等），保存这些信息将是对宝贵资源的不必要浪费。因此，这些信息构成了信息负债，应当被丢弃。我们需要明确哪些信息值得保留和管理——同样，我们也需要明确哪些信息应该被丢弃。有些信息极具价值且敏感，需要被小心对待和保护。正确的信息必须在正确的时间提供给正确的人，不能在错误的时间提供给正确的人，或者在正确的时间提供给错误的人。

有效治理和管理信息资产的前提条件如下：

1）对业务及其具体活动有清晰的认识。这可以体现为活动地图、业务分类方案、能力图、流程图等形式。深刻理解业务有助于清晰地配置稀缺资源。

2）业务明确定义的术语。这可以体现为企业级词库或术语表，或者仅仅是首选和非首选术语。有一所大学对"学生开学典礼"一词有四种不同的定义。这怎么可能做好业务运营？

3）对组织用于开展业务活动的信息资产有清晰的认识。这可以体现为信息资产清单或信息价值与绩效地图的形式。

4）对信息资产对业务的影响有清晰的认识——包括风险、成本、价值、收益及其对组织的伦理影响。这应包括理解信息资产对业务各个部分的价值，以及它们的敏感性和保护方式。

5）高层管理人员意识到信息资产对业务的重要性，并愿意妥善治理和管理它们。

6）对组织信息资产的管理实施问责制。

7）具备坚强的领导力和适用的管理工具，来建立、维护、衡量和激励一种将数据、信息和知识视为关键商业资产的文化。

8）信息资产的管理策略、政策和程序。

9）基本的、保持不变的指导原则。

10）一个能够实现"一数一源"的框架或体系。首席财务官不会在多个地方记录支出，同样，信息也不应该被保存在多个地方。一个简单的类比是，如果给某人一块手表，那么他（她）可以知道正确的时间。如果给他们两块手表，那么他们将永远无法确定哪块手表显示的时间是正确的。

11）具备查找所需信息的能力。如上所述，这可以通过简单的文件计划和命名规范来实现，也可以通过高端工具来实现。但要注意一个前提：软件本身无法独立完成这项工作，人工判断是必不可少的。

12）管理组织信息资产的生命周期，包括在它们生命周期结束时销毁它们。

13）衡量组织信息资产的质量。

14）衡量员工和组织从拥有的高质量信息资产中获得的收益。

9.7 思考题

1）如果按照财务资产的治理方式、行为准则和严格程度来衡量，你的组织采取了哪些方式来治理与管理信息资产？

2）如果你的组织以管理信息的方式管理资金，组织会呈现怎样的面貌？

3）如果你的组织没有以应有的方式治理和管理其信息资产，原因何在？

4）谁负责管理组织的信息资产？这种责任是如何表述的？

5）你的组织是否具备清晰的信息资产愿景、原则、战略、政策和管理系统？这些工具是否已经实施？如果没有，原因是什么？

6）你的组织是否能够清晰地识别出哪些信息资产是由谁出于何种目的而创建、捕获和使用的？

7）你如何评估信息资产的管理，以及如何奖励良好的信息资产管理行为？

8）你的组织使用哪些工具来管理信息资产？

9）你的组织是否知道如何使其信息资产发挥作用？是否具备使其信息资产发挥作用的能力？

10）你的组织是否具备开展这项工作所需的能力和资源？

第 10 章

信息技术对信息资产管理的贡献

10.1 内容介绍

第 9 章探讨了妥善治理和管理组织信息资产的重要性。

本章将探讨以下主题：

1）进一步强调信息技术团队的关键作用，他们是主要的业务伙伴和赋能者。

2）揭示信息技术团队的责任误区，不能要求他们承担无法量化、没有回报、难以达成的任务。

3）呈现直观易用的信息技术的效用，展示它们如何促进和支持妥善的信息资产管理行为。

10.2 本章摘要

信息技术（IT）和信息资产管理（IAM）是两个截然不同的领域，将两者混为一谈是不恰当的。在许多情况下，人们误以为信息管理仅仅意味着部署新的技术解决方案。结构化数据通常可以通过技术手段进行有效的管理，但非结构化的数据和知识的管理要困难很多。首席信息官（CIO）或 IT 经理不应该对组织信息资产的质量负责，因为其关键绩效指标（KPI）的关注点不在于此。

10.3 领域 6：信息技术

> 有了正确的信息资产治理和管理（领域 5），信息技术更有可能被高效且有效地使用。例如，明确的信息环境规范，包括统一的术语和数据存储位置，有助于确立一个可靠的单一事实来源或记录系统。反过来，实用且目标明确的信息技术（领域 6）将有助于塑造良好的信息资产管理行为（领域 7）。

信息技术领域关注在正确的时间交付正确的信息给正确的人员所需的技术类和物理类物品及工具（如硬件、软件和网络），图 10.1 展示了它在"整体性信息资产管理模型"（HIAMMM）中的位置。

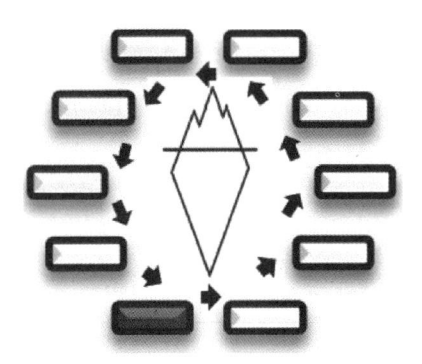

图 10.1 信息技术领域在 HIAMMM 中的位置

数十年来，信息技术的重要性不断攀升，其发展速度也极为迅猛。信息技术已经深入到我们的日常生活，成为支撑现代社会运行的基石。

10.4　好与坏的表现

在信息技术领域，组织"好的表现"与"坏的表现"详见表 10.1。

表 10.1　信息技术领域组织"好的表现"与"坏的表现"

"好的表现"	信息技术促进而非妨碍妥善的信息资产管理，确保在单一的记录系统（如财务系统或客户关系管理系统）中只有一个真实的数据来源（单一版本，没有重复），这个系统便于创建、保存、检索和使用
"坏的表现"	与财务资产不同，后者通常在科目表中有明确的管理和报告规定，而信息资产往往分散在组织内部的多个系统和存储库中，这种分散性形成了一个阻碍信息资产得以妥善管理的环境。IT 系统的不足（如运行缓慢、操作复杂、用户界面不直观）进一步加剧了这一问题。这类系统通常缺乏充分的用户培训和文档支持，导致员工无法充分利用完整的系统功能，不良的 IT 系统助长了员工寻找变通方法或其他不当行为以弥补系统的不足

信息技术和信息资产管理构成了一枚硬币不可分割的两面，理解这一点是至关重要的。信息技术和信息资产管理之间存在着一种共生关系，彼此依赖以实现最大的效率和效果。在本章中，我们对信息技术的讨论绝没有贬低其重要性的意图，也不包含任何对 IT 的直接或间接的批评。

当信息系统变得难以使用、笨重且反应迟缓时，如果面临技术故障或所需信息难以获取的问题，人们可能采取次优方式使用系统或完全弃用系统，这本质上促使他们创造了变通方法，这些变通方法意味着人们绕过或破坏了规定的信息管理实践。某些情况下，这些变通方法被视为无害的，甚至是日常工作所必需的，但它们实际上可能带来诸多问题。不良的变通行为常常会导致效率低下、工作重复、错误增加以及风险上升,甚至可能涉及不安全、不道德或非法的程序和违规责任[1]。我们的研究结果印证了这一观点。

一位首席财务官(CFO)表示:

"IT 人员在谈论技术时表现出不应有的过度自信,他们就像梅赛德斯-奔驰(Mercedes-Benz)的销售员,大体上在说:'你永远不会有问题。'嗯,这只是'废话',你迟早会遇到问题的。"

一位知识管理经理对他们公司的技术限定条件发表了评论:

"我们面临的最大挑战是文件大小。我们的很多设计只能依赖于图像,有关文件的大小超过了 100 兆字节。"

一家人力资源招聘公司的经理指出了一个严峻的现实:

"公司当前的数据库系统未能实现有效运作,加之软件功能不足,导致操作流程变得烦琐且缓慢,特别是在数据输入环节,过度依赖手动操作。尽管团队希望有一个更加高效和自动化的系统,但在寻找和选择供应商的过程中遇到了难题。由于缺乏深入了解,购买新的 IT 系统充满了不确定性,管理层自然不愿冒险投资可能不如现有系统的解决方案,你应该听说过投资新版系统失败的案例。"

信息技术(IT)和信息资产管理(IAM)是两个截然不同的领域,将两者混为一谈是不恰当的,但人们常常错误地认为它们是同义词。罗伯逊(2005 年)指出,许多人将"信息管理"等同于部署新的技术解决方案,如内容管理系统、文档管理系统、数据仓库或门户应用程序等。洛根(2010 年)也认同这一观点,认为信息技术部门的主要职责是管理和维护用于创建和存储信息资产的系统，包括硬件、软件和网络资源。业务人员虽然可以认识到信息的价值，并理解它对业务的贡献，但他们往往难以明确表达自己的信息需求。在他们看来，信息资产管理任务耗费时间且与核心业务活动无关，因此不愿意投入精力。用洛根的话说：

> "业务人员的这种心态导致了循环论证：这不是我的工作，应该由IT部门负责。这意味着，他们寄希望于采购更多的存储设备、投资开发所谓的'神奇软件'来一劳永逸地解决问题[2]。"

那么，我们如何处理这一点呢？我们有意识地将信息技术与信息资产区分开来。信息技术是传递机制，而信息资产则包含了数据、信息和知识——这些是实际被传递的内容。让我们用葡萄酒来比喻它们之间的关系。

如果将信息技术比作盛酒的玻璃杯——传递机制，那么信息资产就是杯中的葡萄酒。玻璃杯的作用是承载葡萄酒，它的设计和形态旨在最佳地展现葡萄酒的风味（见图10.2）。同样，信息技术提供了存储、处理和传递信息资产的平台和

图10.2 葡萄酒与酒杯

工具。想象一下，餐厅服务员不会将葡萄酒直接倒入顾客的手中，而是会将其倒入一个精心挑选的酒杯，以增强饮酒的体验。

信息技术如同玻璃杯，是为了更好地呈现信息资产——葡萄酒。我们选择玻璃杯是为了更好地欣赏和享受葡萄酒，而不是仅仅因为玻璃杯本身。这意味着传递机制固然重要，但它永远不能取代内容本身。真正的价值在于葡萄酒——这才是你付费的本质。你不会为

玻璃杯付费，因为它会被送回厨房清洗，然后提供给下一位顾客使用。即使玻璃杯光灿夺目，如果葡萄酒换成醋，你的体验也不会好。

托马斯·C.雷德曼（Thomas C. Redam）引用了电影产业的比喻来阐释传递机制与内容之间的差异。小时候，汤姆和我不得不去电影院看电影，你可以选择在任何时间和地点观看电影。随后，录像机的发明改变了这一切，你可以租一部你喜欢的电影，然后在自己家里，在你方便的时候观看。如今，我们能够通过网络流媒体随时随地、使用任何喜欢的设备观看电影。技术的发展确实令人惊叹，但它无法将一部糟糕的电影变成好电影。

当前，我们面对信息相关问题时，常常自然而然地将其归类为IT问题，并期望信息技术专业人员提供解决方案。这些专业人员根据他们的职责范围和绩效考核标准，通常会选择通过采购新的工具或技术来应对挑战。

让我们以财务问题为例思考一下，如果我们遇到因逾期付款所导致的现金流问题，我们并不会立即购买会计软件来解决，更可能的做法是电话联系客户并催促他们尽快支付欠款。同样的原则也适用于信息问题，我们不应该在遇到信息问题时急于购买软件或技术解决方案。这里存在两个问题。

首先，业务部门，以首席法律顾问为例，比IT部门更了解法律实践，也更清楚法律实践所需的数据、信息和知识，并且对这些信息资产的质量更感兴趣。数据、信息和知识是商业资产，而非IT资产。IT专业人员通常不直接使用这些业务信息，可能也不理解其业务含义，因此无法管理或对其负责。

其次，IT部门的职能和绩效考核通常是基于技术层面的指标来衡量的，例如系统吞吐量、正常运行时间、成本最小化和可用性。这些指标反映了IT基础设施的性能，而非其承载的信息的质量。IT专业人员擅长规划、设计、开发、选择、采购、安装、实施和维护

IT 基础设施，为组织提供维持其正常运转所需的关键数据、信息和内容，这是他们的核心职责。IT 人员聪明、专业、乐于助人，他们的专长在于技术实施和管理。要求 IT 部门对组织信息资产的质量负责是不公平的，这样做的高管是在为 IT 的失败埋下伏笔。

达内特·麦吉利夫雷（Danette McGilvray）进一步指出了工具的局限性（见表 10.2）。

表 10.2　达内特·麦吉利夫雷（Danette McGilvray）指出的工具局限性

一把锤子不会让你成为木匠，但没有锤子你也无法成为优秀的木匠	
认为正确的工具能解决所有数据质量问题，就像相信精确的 X 光机能让你变得健康一样	

工具的能力毕竟有限，结构化数据通常可以用技术来管理，但非结构化数据和知识难以管理。一位澳大利亚健康行业的首席信息官（CIO）指出：

"非结构化信息的管理尤其困难。尽管市场上有一些智能引擎和工具声称能处理非结构化数据，但我从未见过真正有用的。归根结底，未能以结构化格式捕获的信息，其管理难度会大大增加。因此，技术并非万能，尤其在处理复杂的非结构化数据和知识时更是如此。"

信息资产管理（事实上是所有资产类别）和信息技术不应该混为一谈，它们各自有着不同的方法和实践，具体对比如表 10.3 所示。

表 10.3　信息资产管理与信息技术

	信息资产管理	信息技术
问责制	很少有组织让具体的个人对其信息资产的质量负责	IT 经理。如 IT 经理可以对石油和天然气公司的 IT 基础设施负责，但他/她不能对地震数据的质量负责
所有权	组织信息资产的所有者通常是为了这些资产能创造最大价值的部门。例如，财务团队将拥有组织的财务信息，而地球物理学家将拥有组织的地震信息	IT 经理。通常，IT 部门拥有服务器、路由器和软件。而业务部门，如石油和天然气公司的勘探部门，拥有业务生成和分析的地震数据、信息和内容
职责	组织中的每一个人都有责任妥善管理其信息资产	IT 部门。通常，IT 部门负责管理和维护服务器、路由器以及各种软件应用程序。IT 人员可以对计算机网络的高可用性和吞吐量负责，但他们无法维护地震数据，也不负责了解组织的石油和天然气储量
工具	组织应该指定一个责任人，负责组织内信息资产管理工具的管理。这些工具可能包括业务分类方案、信息资产清单、术语库、信息资产价值模型、安全模型、元数据模型、主数据和参考数据模型，以及保留和处置计划	IT 经理负责组织内 IT 基础设施管理工具的管理。IT 团队可以实施和使用工具来监控网络性能、管理维护计划或跟踪软件许可证等，但他们不具备构建用于管理信息资产框架、术语或生命周期的工具所需的知识和技能
行为	领导层和管理层对员工的信息资产行为负责	IT 经理负责 IT 部门的行为。IT 部门能够创建一个企业 IT 环境，并防止未经批准使用的系统的扩散，但它不能设定必要的信息资产管理期望和激励机制以确保数据的质量
度量标准	信息资产质量	吞吐量、正常运行时间、成本管理，或许还有可用性。IT 可以衡量基础设施的有效性，但无法衡量数据的质量
举证和投资	我从未见过一个组织会根据管理好其信息资产所带来的商业利益，持续投资于这些信息资产的质量	IT 基础设施项目商业案例。IT 专业人员能够为购买 IT 基础设施提供正当理由，但他们无法识别组织信息资产管理相关的风险、成本、价值、收益和伦理问题，也不能为持续改进数据质量进行投资理由举证

(续)

	信息资产管理	信息技术
成本	创建、获取、使用和管理组织信息资产的成本是多少	包括硬件、软件、系统升级、维护服务、技术支持、电信费用以及 IT 人员薪资在内的成本
价值	组织的信息资产的价值是多少	IT 基础设施是一项快速折旧的资产
收益	如何准确衡量有效管理组织信息资产所带来的收益	有关内容会在实际的 IT 基础设施项目的商业案例中列示

（来源：Experience Matters）

基于上述对比分析，我们有什么理由将组织宝贵的信息资产的管理责任交给信息技术部门呢？业务部门与信息技术部门的关注点对比，如表 10.4 所示。

表 10.4　业务部门的关注点与信息技术部门的关注点

	业务部门的关注点	信息技术部门的关注点
目标	业务成果、风险管理、竞争优势、成本效益	系统可用性、吞吐量、移动端和 Web 端服务、成本最小化
工作	明智的商业决策、产品与服务 为最终客户提供最大价值	规划、设计、采购 部署、维护、支持
前提条件	业务知识； 资源或资产： • 财务资产（年度预算）。 • 有形资产（包括 IT 设备在内的基础设施）。 • 人力资源（员工）。 • 信息资产（数据、信息和知识）。 确保正确的人在正确的时间获得正确的信息	硬件设备、应用软件、电信通信、IT 部门员工
结果	信息质量	基础设施和交付质量

（来源：Experience Matters）

我们试图强调的是：无形资产与有形资产之间、信息资产与传递信息资产的技术之间存在一条知识鸿沟。

10.5 思考题

1）信息技术的职责是什么？

2）信息技术的评价指标是什么？

3）首席信息官或 IT 经理的评价和激励机制是怎样的？

4）如何确保首席信息官或 IT 经理对组织信息资产的质量负起真正的责任？

10.6 参考文献

［1］ALTER S. Theory of Workarounds［J］. Communications of the Association for Information Systems，2014，34. DOI：10.17705/1CAIS.03455.

［2］LOGAN D. What Is Information Governance and Why Is It So Hard？［EB/OL］. Gartner Blog，2010-01-11. http://blogs.gartner.com/debralogan/2010/01/11/what-is-information-governance-and-why-is-it-so-hard/.

第 11 章

信息资产管理行为的影响性分析

11.1 内容介绍

在第 10 章，我们：

1）强调了信息技术团队是主要的业务伙伴和赋能者。

2）揭示了信息技术团队的责任误区，不能要求他们承担无法量化、没有回报、难以达成的任务。

3）展示了直观易用的信息技术如何促进和支持良好的信息资产管理行为。

本章将探讨以下主题：

1）组织内部利益的博弈和员工行为对组织信息文化的影响。

2）信息资产所有权的行为特点。

3）信息资产共享的行为模式，包括：

① 信息囤积行为，这种行为可能导致信息的无效堆积。

② 信息隐藏行为，这种行为可能导致信息资源的隔离和固化。

11.2 本章摘要

数十年以来，人类行为一直深刻影响着组织的运转、文化和战略，为组织带来了难以规避的困惑和挑战（可翻阅行为科学管理理论有关论著——译者注），在数字化时代背景下，这种影响变得尤为显著。信息行为指的是组织内部人员使用和管理数据、信息和知识的方式。组织的文化显著影响个人管理信息资产的方式，但许多组织的文化并没有反映出信息管理的最佳实践。我们的研究显示，大多数阻碍信息资产有效管理的障碍与领导者和员工的态度和行为密切相关。

阻碍信息资产有效管理的人类行为障碍包括缺乏兴趣、利益相关者间沟通不畅、信息和知识共享文化缺失、员工能力不足以及缺乏激励机制。改变这些态度和行为至关重要。组织很少会因为单一的危机而面临生存威胁，而这些根深蒂固的态度和不良信息行为的累积，可能导致组织逐渐遭受商业上的"死亡"（Evans & Price, 2018）。例如，单封电子邮件管理不当对公司绩效的影响可能微乎其微，但如果每个员工每天都出现电子邮件管理不善的问题，其累积的负面影响就可能对组织构成严重的生存威胁。

11.3 领域7：信息资产管理行为

> 高效且有效的信息系统（领域6）对于培养和维持良好的信息资产管理行为（领域7）至关重要。如果这些系统操作复杂，用户可能会选择次优的使用方式，寻找变通方式甚至干脆放弃使用。良好的信息资产管理行为有助于形成高质量的信息资产（领域8）。

信息资产管理行为领域关注组织内部人员处理和管理信息的方式[1,2],图 11.1 展示了它在"整体性信息资产管理模型"(HIAMMM)中的位置。

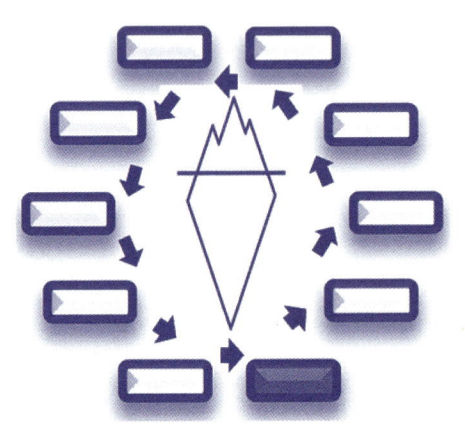

图 11.1　信息资产管理行为领域在 HIAMMM 中的位置

11.4　好与坏的表现

在信息资产管理行为领域,组织"好的表现"与"坏的表现"详见表 11.1。

表 11.1　信息资产管理行为领域组织"好的表现"与"坏的表现"

"好的表现"	员工理解高质量数据、信息和知识对他们自己和组织的重要性,并且愿意遵守企业信息资产管理制度。他们愿意与同事和其他利益相关者分享数据、信息和知识。普遍存在良好的信息资产管理行为,如分享信息和知识、遵守规章制度,以及鼓励、衡量和奖励保护信息资产和负责任的删除行为
"坏的表现"	信息在组织中常常被随意命名和存储,员工往往将其视为个人财产,而非组织资源。由于不理解信息对组织的价值,员工倾向于囤积信息。信息也常被隐藏,通常是为了某些目的,以防止信息被找到、使用、共享或利用

11.5 信息行为

在第 3 章中,我们识别了有效管理信息资产的障碍。无论原因如何,这些障碍常常体现在组织员工的信息资产管理行为上。我们已识别出许多原因:

1)高管层缺乏兴趣。

2)业务层面缺乏治理,缺少负责制定和执行信息资产管理标准和行为的责任人。

3)在设定期望、鼓励、衡量和激励方面缺乏领导力。

4)缺乏入职培训、教育和职业培训。

5)IT 系统笨重且不易使用。

一位县级政府部门的首席信息官(CIO)指出,维持数据和信息的高质量标准非常困难,因此员工往往避免承担这一责任。

> 尽管县政府首席行政官支持信息管理政策,但员工如果对现有系统不满,他们可能会寻找或创造替代方案来处理信息。此外,员工往往习惯于在个人的工作环境中存储信息。在没有强制使用统一信息管理系统的情况下,县法律办公室主要依赖员工的专业性来确保系统得到使用。

一家律师事务所的管理合伙人观察到,人们害怕被曝光,"当你指出效率问题时,许多人会产生抵触情绪。"他补充说,"我们的组织对信息的态度有点像精神分裂症患者:一方面,有一部分人愿意投资信息资产;另一方面,还有一部分人认为信息的开放和共享是一种威胁。"

人们将信息视为权力的象征,员工因此将信息视为一种可以巩固自己地位和权力的资源,这导致员工倾向于保护和囤积信息,以此作为保障自己职位安全的一种手段。此外，人们也常把公司信息当成私有财产，存储在个人硬盘上。一位州政府部门的首席知识官（CKO）补充指出，由于人们对信息系统不信任，因此对信息共享持怀疑态度，他们可能会物理地多次存储同一信息：

> 要把那些藏在桌子下文件柜里的文件拿出来，放到一个大家都能看到的系统中，这往往会引发员工的恐慌和抵触，因此很难得到迅速和积极的响应。这可能会导致信息共享倡议陷入僵局。

人们本质上是自私的，一家铁路公用事业公司的首席财务官（CFO）评论说，"组织发展方向与个人发展诉求根本就是两回事"。

11.6　信息资产所有权

心理所有权理论（Pierce、Kostova 和 Dirks，2003）这一著名原则指出，当个人对某个物体有了控制权，他们最终会发展出对该物体的所有权感知——我拥有的，便是我的一部分。鉴于数据、信息和知识是由个人获取、控制或创造的，人们可能会将它们视为自己的个人财产。"我创造了它或对它有所贡献，因此它属于我，且只属于我"——这种心态在组织内部普遍存在，并深刻影响个体对信息资产的管理行为，包括他们如何存储、分享和保护这些资产。

11.7　信息共享行为

信息共享行为是组织对信息管理承诺的重要体现，对信息管理的效果有直接影响。组织的信息共享文化和员工行为显著影响其信息管理的效果，员工因错误的所有权感知而产生的负面信息管理行为可以分为两类：一是无意的囤积，二是有意的隐藏。

11.7.1 信息囤积

信息囤积（Information Hoarding）是指企业信息（如电子邮件、文档等）被无序积累并存储在各种服务器、硬盘和 U 盘上。这种现象往往发生在员工将企业数据、信息和知识视为无须安全存储或共享的低价值资产时。达内特·麦吉利夫雷（Danette McGilvray）观察到，即使人们认识到信息的价值，但由于不信任存储和共享信息的系统和流程，他们仍可能囤积信息。他们囤积信息是因为他们感觉没有人在妥善管理这些信息。这导致重要信息保留在个人手中，而一些有价值且不可替代的信息被存储在公共区域，增加了信息被误用或丢失的风险。一些员工坚持认为所有信息都应当被永久保存，因为他们认为未来可能需要这些信息。然而，这种态度导致了"数字垃圾场"的产生，即大量不再需要或有价值的信息被无序积累。随着"数字垃圾场"的不断扩大，寻找重要文件、电子邮件或文档的难度也随之增加，这不仅浪费了存储资源，也降低了工作效率。

一家汽车服务公司的首席财务官指出：

> 我们是一个典型的孤岛型组织，部门间的信息共享非常有限，但这种情况正在逐步改变。我们意识到需要更加有效地管理和共享信息，目前正在建立一个集中信息库，将不同部门的业务信息整合在一起，旨在促进跨部门的信息流通，确保关键信息能够更广泛地被获取和利用。

澳大利亚的一位知识管理经理确认，"信息共享需要文化上的转变，这是一个重大障碍——我认为这几乎需要一代人的时间才能完成观念革新"。澳大利亚政府部门的首席知识官也承认，信息在该机构的各个地方、各种服务器上被保存，甚至存储在已归档的旧服务器上：

信息在我们的组织内以电子形式、纸质副本存储在不同的物理位置，并通过现场的不同计算机访问，但通常难以共享或查找。这对我们来说是一个巨大的挑战，因为我们有大量的信息分散在各处，到处都是信息桶（形容信息被隔离存储在不同的地方——译者注），到处都有 Access 数据库，我们有员工的电子信箱或磁盘上积累了 20 年的工作成果，他们的个人驱动器中有大量信息，只是因为他们从未被告知不要在那里存放信息。

一位律师事务所的管理合伙人表示：

　　我鼓励员工在制作任何文件或提供独特建议时，将其及时发送给档案管理人员，以便纳入案例库或意见登记册中。问题在于，并不是每个人都会想到这样做……因为大家都很忙。

一家成功的大型律师事务所的董事会主席指出：

　　秘书习惯将她为我修改的文件存储在自己的硬盘上，她根本没有考虑到其他人可能也需要这些文件。如果她临时有事，其他人很难找到这些文件，因为每个人都习惯以自己的方式保存信息。

11.7.2　信息隐藏

　　在组织中，信息隐藏（Information Hiding）是指故意不与同事共享数据、信息和知识的行为。这种行为的目的通常是为了加强和保护个人的权力地位。有时，组织的内部博弈可能比组织的整体目标更重要，导致员工将信息扣留作为一种策略。员工可能通过以下方式扣留信息请求者所需的信息和知识：

　　1）规避行为：向信息请求者提供无用的信息。

2）装傻充愣：假装对请求者所询问的信息一无所知。

3）合理化的隐瞒：以权限不足或其他理由为借口，声称自己无法提供请求者所需的信息[3]。

信息隐藏行为通常是恶意的，主要源于以下几个原因：担心自己的不足或错误被暴露、害怕信息被滥用、对他人不信任以及感到工作不安全。此外，这种行为还可能与组织内部的利益博弈和对权力的追求有关。这种隐藏行为导致了所谓的地堡信息（Bunker Information）现象，即关键信息无法被组织中的其他成员获取。

法律行业就是一个信息隐藏行为的典型。合伙人的成功往往与他们吸引和赢得的案件数量直接相关，这导致他们过分重视信息，不愿意分享知识，担心失去竞争优势。即使同事请求信息，律师也可能为了保护客户关系和业务机会而不愿分享。

个人往往为自己的利益而非组织的利益工作，因而表现出自私的行为，通常会管理自己的利益而非组织的整体利益。正如我们研究中的一位参与者所评论的：

> 世界上有许多信奉"这对我有什么好处"的利己主义者，而且"大多数组织中的人只专注于自身生存，各有各的打算。他们的初衷并非为公司做出最佳决策，而是为了满足自己的私利"。

因此，隐藏信息被视为一种自我保护机制，为个人提供了一种防止失业的保护。

11.8　对信息资产管理计划的抵制

组织在推行信息资产管理计划时，员工的抵制是常有的现象。这种抵制可能源于多种因素，如身份认同的威胁、对变化的抗拒、权力和影响力的丧失、个性差异、对变化潜在好处认识不足、缺乏纪律、时间压力以及感到责任过重等。这导致员工对新系统的接受度降低、可能公开表达负面情绪、回归旧的工作方式，甚至试图通过讨价还价来规避新政策或流程，这反过来又导致整个组织的生产力和效率下降、成本增加，甚至错过重要的截止日期。管理者也可能以多种方式抵制变化，如拒绝或不愿提供所需资源、取消或拒绝参加关键会议，以及缺乏对信息资产管理计划的支持和认可。

11.9　每个人的责任

托马斯·C.雷德曼（Thomas C. Redam）主张，员工有责任提高对数据、信息和知识重要性的认识，并确保这些资产的准确性和可靠性。他通过一个假设的场景来说明这一点：斯蒂芬妮（Stephanie），一位有抱负的高管，在她正准备向董事会汇报的关键时刻，她的一名员工通知她，汇报材料中某个部门的数据存在错误，这不仅对她即将进行的演讲构成威胁，也可能对她的职业生涯产生严重影响。幸运的是，在演讲开始的前一刻，员工再次进来告知斯蒂芬妮问题已被发现并更正，演讲材料也已更新。最终，演讲大获成功，每个人都很高兴。

但真的是这样吗？斯蒂芬妮并没有向当事者部门的负责人通报数据错误的问题，这就像在繁忙的走廊上扔了一个香蕉皮，如果这种行为发生在强调人类安全的组织中，可能会被视为可被解雇的重大过失。问题关键在于，每个员工都应该对他们管理的数据、信息和知识负责。

11.10　思考题

1）你会如何描述良好和不良的信息资产管理行为？
2）你对管理者和员工管理数据、信息和知识的方式会提出哪些问题？

11.11 参考文献

[1] EVANS N, PRICE J. Death by a Thousand Cuts: Information Asset Management Attitudes and Behaviours practices in organisations [J]. Information Research, 2018, 23 (1): 779.

[2] EVANS N, PRICE J. Managing Information in Law Firms: Changes and Challenges [J]. Information Research, 2017, 22 (1).

[3] KANG S W. Knowledge Withholding: Psychological Hindrance to the Innovation Diffusion within an Organisation [J]. Knowledge Management Research and Practice (KMRP), 2016, : 144-149.

第 12 章

信息资产质量的内涵及其重要性

12.1 内容介绍

第 11 章主要探讨了：
1）组织内部利益的博弈和员工行为对组织信息文化的影响。
2）信息资产所有权行为。
3）信息资产共享行为，包括：
　① 信息囤积导致信息垃圾场。
　② 信息隐藏导致信息堡垒。

在本章，我们将深入探讨以下几个方面：
1）数据和信息的基本特征。
2）优质与劣质信息资产的特点。
3）高质量信息资产的重要性及其价值所在。
4）评估信息资产质量的标准和方法。
5）信息资产管理中可能遇到的问题及其成因，以及如何最大限度地提高成功的概率。
6）构建、优化、监督和维护信息资产质量的策略。

7）高层管理者在信息资产管理中的角色定位，以及他们需要掌握的信息资产质量管理知识。

12.2　本章摘要

优质数据对于支持决策和增强竞争优势至关重要，然而，许多组织仍在使用质量不高的数据、信息和知识。如果软件使用的是劣质数据，会很快被呈现出来，这不仅不能解决问题，反而会意外暴露问题。组织内每个成员都应该成为数据创造和利用的高手，高层管理者尤其需要认识到高质量信息资产的价值，并明确如何实现这一目标。这不仅要求投入相应的资源，还需要明确的责任分配和坚定的领导力。

12.3　领域8：信息资产质量

信息资产质量领域关注信息资产的质量，具体包括：

1）可用性（可以及时找到）。
2）准确性（与预期内容相符）。
3）完整性（信息没有缺失）。
4）时效性（对预期目的而言不是过时的）。
5）相关性或适用性（适合预期目的，并能够有效支持员工的研究、决策和行动）。

图12.1展示了信息资产质量领域在"整体性信息资产管理模型"（HIAMMM）中的位置。

> 良好的信息资产管理行为（领域7）造就高质量的信息资产（领域8）。高质量的信息资产使得它们能够被高效地开发和利用（领域9）。

图 12.1　信息资产质量领域在 HIAMMM 中的位置

Gartner 的分析师 Alan Duncan[1]向我们分享了发生在董事会会议上的一件趣事。当时，中东某银行零售业务负责人正在寻求批准其提议的数据战略和相关计划，他巧妙地比喻道："数据就像公共厕所，人人都想用，但没人愿意去打扫。"这句话生动形象，引得董事会成员们忍俊不禁。有人评价道："Brilliant（太精彩了）！"最终，批准一致通过。在同一场董事会上，谈到治理和问责制时，这位高管又说："我们必须让信息管理负责人拔出他的剑。"这是一个典型的中东式隐喻，象征着他们愿意赋予信息管理负责人足够的权力和信任，让他能够果断地推动数据治理工作。董事会认可了这一决定，表明他们愿意赋予信息管理负责人更大的自主权和责任。

在本书的第 2 章，我们提到"垃圾进，垃圾出"，这一格言自 1864 年以来一直存在，至今仍然非常适用，甚至更加重要。遗憾的是，我们对这一理念的理解似乎并未有太多长进。尽管人工智能、区块链、商业智能、数字孪生、机器学习等尖端技术备受瞩目，但如果它们所依赖的数据本身毫无价值，那么这些技术的效用也将大打折扣。

我们能够听到很多组织强调："为了实现商业成果，我们需要技术。"然而,很少有组织意识到并宣称:"为了实现商业成果,我们真正需要的是准确的信息。"

12.4 好与坏的表现

在信息资产质量领域,组织"好的表现"与"坏的表现"详见表 12.1。

表 12.1 信息资产质量领域组织"好的表现"与"坏的表现"

"好的表现"	信息资产应当具备: • 可用性和时效性(能够被迅速、及时地找到)。 • 准确性/正确性(与预期一致)。 • 完整性(信息没有缺失)。 • 时效性(对于既定目而言不是陈旧的)。 • 相关性(适合预期目的,并能有效支持决策和行动)
"坏的表现"	数据质量水平大约在 65%到 70%之间,这会导致决策失误、错误频出、生产力低下和资源浪费。信息资产在创建或捕获阶段未能确保其质量。管理层对现代技术感到兴奋,却没有意识到如果数据质量差,技术也无法发挥作用——垃圾进,垃圾出。风险很高、生产力很低,员工感到沮丧、团队士气不振

12.5 优质信息资产的涉及面

我们的研究结果和大量实例表明:

1)组织所掌握的数据、信息和知识质量常常不尽人意。

2)为了支撑决策过程并赢得竞争优势,高质量数据不可或缺。

3)如果软件使用了劣质数据,会很快地被呈现出来,这不仅不能解决问题,反而会意外暴露问题。

托马斯·C. 雷德曼(Thomas C. Redman,以下简称"汤姆")的经验告诉我们,大多数数据的实际状况远比人们所认为的要糟糕……只有3%的公司数据满足了基本的质量需求[2]。

他告诉我们：

1) 几乎所有的数据质量情况都涉及两个方面：

① 数据是不是准确的？

② 数据是不是所需的？

2) 数据的质量取决于具体情境，即：

① 是不是所需的数据取决于数据的用途。

② 是不是准确的数据至关重要，这是因为，在某些情况下数据只需精确到百万澳元的级别即可满足需求，而在有些情况下哪怕是一分钱的细微差别也可能具有重大意义。

3) 根据具体情况，数据质量可能还涉及许多其他方面。例如：

① 在许多情况下，对于当前任务来说，数据集的"完备性"至关重要（管理者应该询问："这是完整的故事吗？"）。

② 在训练人工智能模型时，训练数据的偏差会导致模型的偏差（因此要问："训练集中是否存在隐藏的偏见？"）。

③ 有些决策对时间敏感，因此数据的时效性很重要（因此要问："这是最新的数据吗？"）。

④ 数据是否适用？

总之，需要针对特定情况、特定人员、特定时间，来评判数据是否适用[3]。

汤姆使用一个贴切的例子来说明"数据是不是准确的"和"数据是不是所需的"。想象一下，你接到孩子学校校长的电话，得知孩子因斗殴被停课。当你见到孩子，询问他/她："今天怎么样？"孩子回答说："很好，爸爸，我数学考试得了A。"显然，孩子提供的信息在事实上是准确的——他/她数学确实得了A。但这并不是你想听到的全部信息，你更希望听到的是："爸爸，我数学考试得了A，但我今天也被停课了。"

信息的情境，也就是上下文场景，对信息质量有着直接影响，而信息质量又直接决定了信息的价值。在这个例子中，如果提出一个更全面的问题，可能会得到一个更完整的答案，比如："今天在学校，你身上发生了什么好事和坏事？"这个问题的答案将提供更全面的信息，从而带来更高的信息价值，尤其是对作为家长的你来说。

在评估信息资产的质量时，我们首先要确定的是信息的用户是谁（无论是内部还是外部的），以及他们想要实现什么目标。这些信息是否适合在特定的情境下由这个人在这个时候使用？这是不是他们所需的信息？这些信息是不是准确无误的？随着人工智能技术的飞速发展，这一点变得越来越重要。人工智能的有效运作依赖于大量无偏见、高质量的数据。

12.6 数据质量的重要性

高质量的数据为何至关重要？除了我们在第 5 章中讨论的要点之外，汤姆还强调了信息资产管理对于业务的重要性。他比喻说："不良数据如同病毒，你无法预知它会在何处、何时爆发，以及它将带来何种损害。在关键时刻，优质数据的重要性更是凸显。优质数据能够加快反应和决策速度，而劣质数据则只会引发问题和阻碍。"
对业务的影响主要表现在以下几个方面：

1）纠正错误所耗费的时间。汤姆提供的数据显示，大约"50%的工作时间被用于处理琐碎的数据问题"。值得注意的是，这一估计并未包含因未能完成本职工作而损失的机会成本。

2）错误频出。尽管人们努力纠正，错误依然不可避免地影响到客户服务、报告编制和决策制定。

3）信任缺失。根据《哈佛商业评论》的一项调查，仅有 16%

的管理者表示他们信任日常使用的数据。正如汤姆所指出的："生活依赖于信任，没有信任，你几乎无法做成任何事情。"这意味着有84%的管理者对他们的数据持怀疑态度，不仅暗示了许多管理者可能错误地信任了错误的数据，而且这个问题的影响远远超出了个体层面。由于客户数据被市场营销、销售、交付团队、应收账款以及其他业务部门广泛使用，如果客户数据存在错误，由此引发的低质量数据问题可能会迅速在整个组织中蔓延。

4）收入流失。从公司整体来看，最乐观的估计也显示，由于数据质量差，约有20%的收入被白白浪费。

5）灾难性事件公之于众。波音公司的737 Max事件和力拓集团对朱坎洞穴的破坏便是典型案例。在波音的案例中，错误的迎角数据导致了两起致命的坠机事故，造成346人遇难，随后737 Max遭到全球停飞。力拓集团的案例中，2020年5月，该公司永久性地摧毁了朱坎洞穴。迈克尔·莱斯特兰奇指出，这一破坏是由于"力拓集团内部系统的一系列缺陷、信息共享不足、与土著人民沟通不当以及决策失误"。后果是毁灭性的，这不仅导致了董事长、首席执行官、铁矿石主管和公司事务主管等高管的离职，还严重损害了力拓集团的声誉和运营的社会许可。最为痛心的是，澳大利亚唯一一处有证据表明人类连续居住超过46000年的遗址（包括最后一个冰河期）被毁，如帕特·多德森所言："这些古老遗址的破坏对我们的国家乃至全世界都是一场灾难"。

6）成本激增。在国家层面，IBM发布于2016年的一份报告指出，劣质数据每年给美国经济造成的损失可能高达3.1万亿美元[4]。

7）引发不满。数据质量不佳或数据泄露不仅影响组织内部员工，也影响外部利益相关者，引发不满和愤怒，这种情绪的成本难以估算。就在我撰写本文的前一天，据报道，最近澳大利亚一家主要电信运营商因数据泄露事件失去了10%的移动客户，并且"56%

的现有客户正在考虑更换电信公司"。该事件是由于 IT 人员在安全防护不足的测试环境中使用真实客户数据而引起的。这引发了对企业数据治理是否得当的质疑。而在今天早上,我读到澳大利亚最大的私人健康保险公司的数据泄露事件,该事件使其市值蒸发了近 20 亿澳元。

8) 战略问题。当决策所依赖的数据不准确时,实施任何战略都会遇到重重困难。

9) 人员伤亡。人们可能因为疾病(例如新型冠状病毒感染)和事故(如飞机坠毁)而丧生。

汤姆的最佳估计显示,提升信息资产的质量能够消除过半的负面风险及影响。换言之,"对于众多组织而言,提升业务绩效的最佳途径是减少数据错误,即'消除数据问题',这几乎会影响到每个人"。此外,那些在日常工作、团队或组织内部致力于解决数据质量问题的人员,将能够获得更多的授权。

12.7 信息资产的质量评估

汤姆开发了一种名为"周五下午测量(Friday Afternoon Measurement)"的评估方法,旨在回答"我需要担心信息资产的质量吗?"这个简单的问题。它的工作原理如下:

请收集你最近处理的 100 笔交易记录,并识别这些交易的关键数据项。这些交易可能是客户注册、软件许可续订或毛衣生产等。然后,邀请几位了解数据的同事,一起逐项仔细检查这些交易,记录关键数据项中出现的错误,并统计存在问题的交易数量。比如,如果你的业务是制作毛衣,就要检查交易中毛衣的尺寸、颜色、领型或价格等是否有误。通过这种方式,你可以清楚地了解信息资产的质量是否值得关注,因为你已经将信息资产的质量与业务的实际表现建立了直接关联。汤姆在询问了众多高管后发现，他们普遍期望数据质量能达到90%以上，即在每100笔交易中，至少有90笔应该是无误的。但现实中，大多数组织的数据质量仅在60%到70%之间，这意味着每100笔交易中约有三分之一存在某种错误，这是不可接受的。推荐你观看汤姆关于"周五下午测量"方法的视频[5]，以获得更深入的了解。

12.8　谁有变革的力量

每个人都有变革的力量。

尽管IBM在1981年就将个人计算机（PC）推向了市场，但其全球供应链依然沿用着"按订单制造"的生产模式，这一模式主要针对定制化的大型计算机和中型计算机。每个月我都会订购PC软件，但这些订单往往无法得到满足，积压的订单不断增加。直到新版本软件发布后，那些已经过时的旧版软件才被交付。在当时，PC软件业务仅占IBM澳大利亚公司收入的2%，而IBM澳大利亚公司对全球收入的贡献也是2%。我对每个订单进行了跟踪，并计算出了因供应短缺而损失的收益，每年的损失高达5000万澳元。利用这些数据，我们构建了一个商业案例，促成了全球制造流程和供应链的变革与优化，使其能够更好地应对批量产品的需求。于是，作为一名基层员工的我，也就影响了整个组织的供应链变革。所以说，每个人都有变革的力量。

12.9　高管的应知事项

业界和媒体对人工智能、大数据、商业智能、区块链、网络安全、数据科学、数字化转型、数字孪生和机器学习等技术的重视程度很高，然而它们并不是组织着手改进的首选领域。组织首先应当评估其信息资产的管理水平及其对业务的潜在影响。托马斯·C. 雷德曼（Thomas C. Redam）建议，组织应从小数据着手，而不是一开始就专注于大数据。应当从解决具体问题起步，关注每一次小胜利、呈现每一个小成效，在此基础上寻求持续发展。

每个人既是数据的创造者，也是数据的使用者。每个人都发送和接收电子邮件，每个人都创建文档、电子表格和报告，也会阅读文档、电子表格和报告，因而，人人有责。在许多方面，这都是普遍而平凡的。每个人都应该学会如何有效地扮演数据创造者和数据使用者的角色，这就需要组织规范和纪律。放弃企业治理及问责，或者逃避责任是不可取的。

正如托马斯·C. 雷德曼（Thomas C. Redam）所说：

> 这些想法看似简单，却具有革命性意义。历史上，人类经过了漫长的时期才普遍接受地球是圆形而非平直的这一观点。同样地，虽然每个人作为数据创造者和使用者是显而易见的，但真正意识到这些角色所承担的责任却是一个革命性的认识。它为所有员工和管理层带来了巨大的机遇。

我们在第 3 章介绍了达内特·麦吉利夫雷（Danette McGilvray），她是《数据质量管理十步法：获取高质量数据和可信信息》的作者。她的"十步法"提供了一种结构化且灵活的方法，用于管理任何组织内的数据质量。它引导领导者和员工将商业策略（回答"我们为什么在乎？"）与实施的具体步骤（展示"如何"创建、改进和维持数据质量）联系起来，由此产生的高质量数据支持组织最重要的事项，保护其信息资产，并帮助其管理风险。

12.10　高管的应做事项

一旦高管们认识到拥有高质量信息资产的重要性，他们紧接着需要明确应采取哪些措施以及如何执行这些措施。然而，正如达内特·麦吉利夫雷所指出的："没有必要重新发明轮子——应该寻求专家的指导和帮助。"

高管们需要首先提出的问题包括：

1）你的员工和机器能否在正确的时间、正确的地点获取到正确的信息，以便做出决策并采取有效行动？如果答案是"否"，那么你就遇到了数据质量问题。

2）你能否看到诸如不满意的客户、安全漏洞、浪费的时间、糟糕的或延迟的决策，或者返工、罚款、不符合法律要求等迹象？如果答案是"是"，那么很可能低质量数据是造成这些问题的部分或全部原因。

3）最关键的业务需求是什么？

4）满足这些业务需求需要哪些数据？

5）我们是否有"适当水平"的数据质量来满足这些需求？

始终确保你的数据工作与组织最重要的业务需求保持高度一致。这包括满足客户需求、提供产品与服务、管理风险、增加业务价值、执行战略计划、实现业务目标、解决关键问题或把握重要机遇，永远不要为了数据质量本身而解决数据质量问题。

12.11　如何创建、改进、管理和保持数据质量

有三件事情需要考虑，即：

1）理解关键概念。这对于做好数据质量工作至关重要。

2）数据质量项目。构建数据质量项目为组织数据质量工作提供指导，它可以通过敏捷或其他任何项目管理方法来推动。

3）项目执行过程。这是将数据质量关键概念付诸行动的过程，包括说明、示例和模板。

达内特·麦吉利夫雷开发的十步法流程，如图 12.2 所示。关于这十个步骤的详细信息，可以在她的《数据质量管理十步法：获取高质量数据和可信信息（第 2 版）》书中找到。

十步法流程：十步获取高质量数据和可信信息

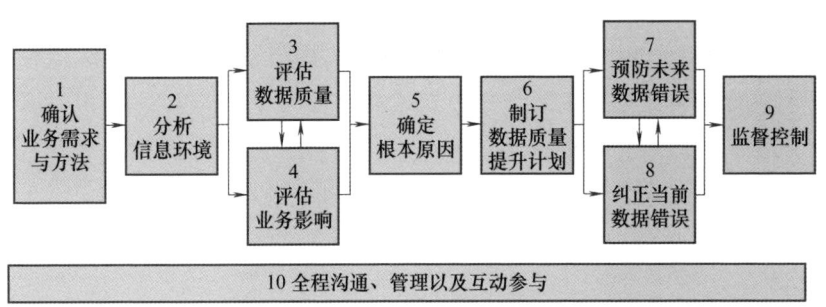

图 12.2　十步法流程（来源：达内特·麦吉利夫雷）

12.12　失败的原因

数据质量管理失败的原因包括以下几点：

1）忽略了人的关键作用。组织中的每位成员都参与信息资产的管理，每个人都在创造和使用数据。

2）采取的方法过于分散，缺乏全局性的企业视角。数据质量管理不应仅限于数据录入、清洗或报告，而应采用覆盖整个企业的全面方法，以确保数据的高质量。这种全面的方法需要涵盖以下要素：

① 人员。
② 组织。

③ 流程。

④ 问责机制。

⑤ 责任。

⑥ 信息生命周期。

⑦ 技术。

3）未能认识到技术仅是达成目标的一种工具而非目标本身，仅在技术上投资而忽视其他关键因素将不可避免地导致失败。正如达内特·麦吉利夫雷所指出的：

> "误以为技术能自动提升数据质量，无异于幻想拥有一台 X 光机就能确保健康。诚然，我们在适当的时间和地点需要使用 X 光机，但我们同样需要医生、护士、技术人员的专业服务。作为患者，我必须主动采取那些能够真正提升健康的行动。"

12.13 如何最大限度地提高成功的概率

为确保在打造高质量信息资产方面取得成功，高管层的积极支持是必不可少的。这种支持不应仅仅停留在口头上，而是要通过实际行动来体现，因为空谈是难以取信于人的。这需要投入相应的资源，建立明确的问责制度，以及真正且坚定的领导。

12.14 思考题

1）如何衡量你的信息资产质量，具体包括：

① 可用性/及时性（能否迅速、及时找到）？

② 准确性/正确性（是否与应有的信息相符）？

③ 完整性（信息是否无遗漏）？

④ 时效性（对于预期目的而言是否不过时）？

⑤ 相关性或适用性（是否适合预期目的，并能够有效支持员工的研究、决策和行动）？

2）如何激励创建、获取和维护高质量的数据、信息和知识？

12.15 参考文献

[1] DUNCAN A. 2023-03-06. [EB/OL]. LinkedIn. [2024-01-31].

[2] NAGLE T, REDMAN T C, SAMMON D. Only 3% of Companies' Data Meets Basic Quality Standards [EB/OL]. https://hbr.org/2017/09/only-3-of-companies-data-meets-basic-quality-standards, 2017-09[2024-01-31].

[3] TOMR. 2022-02-03. Interview [Z].

[4] REDMAN T C. Bad Data Costs the U.S. $3 Trillion Per Year [EB/OL]. https://hbr.org/2016/09/bad-data-costs-the-u-s-3-trillion-per-year, 2016-09-22 [2024-01-31].

[5] REDMAN T. The Friday Afternoon Measurement [EB/OL]. https://www.youtube.com/watch?v=X8iacfMX1nw, [2024-01-31].

第 13 章

信息资产开发与利用的前提条件

13.1　内容介绍

第 12 章详细阐述了:

1) 数据和信息的基本特征,同时对比了优质与劣质信息资产的不同表现。

2) 优质信息资产的涉及面。

3) 优质信息资产的重要性。

4) 信息资产的质量评估方法。

5) 信息资产管理中可能遇到的问题及其成因,以及如何最大限度地提高成功的概率。

6) 如何创建、改进、管理和保持信息资产的质量。

7) 高层管理者在信息资产管理中的角色定位,以及他们需要掌握的信息资产质量管理知识。

在本章,我们将探讨以下主题:

1) 在第 2 章的基础上,协助你识别组织中最宝贵的资产。

2) 讨论我们为什么需要利用数据、文件、内容和知识来降低风险、减少成本、增加价值、驱动利益并确保企业行为的道德性。

3）重新审视构建信息资产利用基础的必要条件。

4）展示一些实例，用以说明信息资产的有效运用如何对业务产生显著的、可衡量的积极影响。

13.2 本章摘要

信息资产利用领域考虑的是如何将组织的信息资产投入使用，以便发现商机并实现业务成果。组织只有深入了解自身的运作方式，深入了解数据、信息和知识在组织中的使用方式，明确哪些信息是宝贵和敏感的并因此需要被管理，以及是否拥有高质量的信息，才能将信息资产投入使用。高层管理者需要认识到，对信息资产进行投资与管理不仅能够降低商业风险、带来可观的回报，还能通过独占并利用这些资产，增强组织的竞争优势。

13.3 领域9：信息资产利用

> 高质量的信息（领域8）使得信息资产能够有效地被开发和利用（领域9）。要利用信息资产，就需要有能力识别其对业务产生的影响（领域10）。

信息资产利用领域关注组织如何将其信息资产投入使用，以便发现商机并实现业务成果，图13.1展示了它在"整体性信息资产管理模型"（HIAMMM）中的位置。

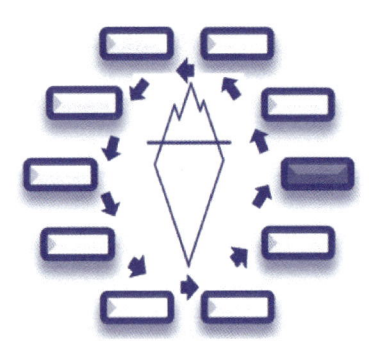

图 13.1　信息资产利用领域在 HIAMMM 中的位置

13.4　好与坏的表现

在信息资产利用领域，组织"好的表现"与"坏的表现"详见表 13.1。

表 13.1　信息资产利用领域组织"好的表现"与"坏的表现"

"好的表现"	信息资产被用来从组织的数据、信息、内容和知识中提取最大价值，并为组织带来最大利益
"坏的表现"	组织不知道它拥有什么样的信息资产，也不知道如何利用这些资产来获得商业利益。错失机会，进而影响组织的竞争地位

13.5　你最宝贵的资产

你认为最珍贵的资产包括哪些？具体到信息资产，也就是那些最具价值的数据、信息与知识，又是什么呢？尽管我们不会立刻意识到知识的价值，但多年来，我们已经习惯于在保密协议和不披露协议中纳入技术知识和专业技能。以下是一份合同中典型的知识产权条款的摘录：

第 13 章 信息资产开发与利用的前提条件

> 所有保密信息、与双方商业利益相关的所有信息、所有技术知识、专有技术、未申请专利但可申请专利的创意，以及所有数据资料、业务记录和通信内容。

什么是知识产权？根据上述条款，它即便不全是信息资产，也主要是指信息资产。我们是否有效管理了自己的知识产权？还是仅仅将商标和专利证书存放在保险箱中，就自认为已经尽到了责任？

企业知识是否具有价值？它是否容易遭受损害？以下是一些相关的轶事。

几年前，在南澳大利亚一家制造公司的董事会上，董事长询问首席执行官，他认为公司面临的最大商业风险是什么。首席执行官表示，公司最大的商业风险是失去一位名叫刘易斯的关键员工，因为刘易斯能够在关键时刻获取到关键的信息和知识。对此，董事长指示首席执行官从下周一起将刘易斯的薪资翻倍。由于这将使刘易斯成为公司中薪酬最高的员工，首席执行官提出了异议。董事长则回应道："明天我可以再找另一个像你这样的 CEO，但我无法找到另一个刘易斯。"

有一个精彩的寓言故事，它阐释了经验和知识的价值。这个故事的最初版本发表在 1908 年 2 月 1 日由"汉普郡观察家"印刷厂出版的《不动产事务员协会杂志》（*The Journal of the Society of Estate Clerks of Works*）上。这个故事后来的版本是这样的：

> 一艘船的发动机发生故障，船主们接连请来多位专家，但都未能成功修复。随后，他们求助于一位经验丰富的老修船工。老工人携带着一大袋工具迅速投入工作，彻底检查发动机之后，他从工具袋中取出一把小锤子，在某个部位轻轻地敲击了一下，发动机随即恢复了运转。
>
> 一周后，船主们收到了老工人发来的一万澳元账单，感到非常

惊讶，认为他所做的并不多。他们要求老工人提供详细账单。老工人随后寄来的账单明细如下：

1) 锤子敲一下的费用：2 澳元
2) 知道敲哪里的费用：9998 澳元

再次强调，船主们最宝贵的资产是能够在正确的时间获取正确的信息和知识。

在第 2 章，我们探讨了信息资产的价值对于特定情境的依赖性。信息的价值因人而异，且随时间和需求而变化。要确定哪些信息在何时对何人具有何种价值，我们需要直接询问他们。在石油和天然气行业，例如，水库工程师和地球物理学家非常清楚哪些数据、信息和知识对他们至关重要，他们每天都在利用这些信息资产。同样，HR、仓储、财务以及董事会的成员也都需要识别哪些信息资产对他们至关重要。

13.6　为什么要让信息资产发挥作用：业务影响

在第 5 章，我们探讨了妥善管理信息资产并将其有效利用的业务影响。简而言之，这些影响包括：

1) 降低商业风险，可能包括：
① 业务连续性受损。
② 个人及企业声誉受损。
③ 竞争优势丧失。
④ 无法履行合规义务。
⑤ 难以发起或应对诉讼。
⑥ 无法保护敏感信息等。

2) 减少运营成本。找不到所需信息会增加成本，在第 5 章中有多个实例。

3）提升价值。数据、信息和知识资产的价值可以货币化或具有市场价值、账面价值、替代价值、剥夺价值、社会价值或其他价值。

4）获得收益。妥善管理信息资产对组织的收益包括：

①增加收入。

②提高生产力。

③提高盈利能力。

④更好、更快地提供产品和服务。

⑤提高专业性。

⑥提高员工士气和满意度等。

5）以合乎道德的方式运营。我们必须考虑如何将道德原则融入信息资产的管理之中，确保我们以一种有益于人类的方式运用这些资产。同时，我们在追求实现最大利益的前提下，最大限度减少可能造成的伤害。

13.7　信息资产发挥作用的前提条件

要有效利用信息资产，必须做到：

1）你清楚地知道组织的职能。

2）你知道组织使用哪些数据、信息和知识，以及它们的用途。

3）你了解这些信息资产的价值和敏感性，以及对谁具有这些特性。

4）你知道哪些信息资产值得管理（因为并非所有信息资产都值得管理），以及如何管理。

5）你的信息资产质量非常高。

众多组织有效地运用其信息资产的案例比比皆是，道格·拉尼（Doug Laney）在他的新书《数据果汁》中列举了 101 个实例。然而，我们的研究和经验证据显示，许多组织并未充分利用其信息资产来增强业务绩效和创造竞争优势。以下实例反映了这一影响。

13.7.1　珠宝店主案例

一位来自阿德莱德的珠宝店主前往墨尔本拜访他的同行。对方询问："生意进展如何？"店主坦诚地分享了自己的情况，同行听后建议："你本可以做得更好。你最大块的宝石通常什么时候售出？"

店主坦言："我并不清楚。"

受此启发，店主返回阿德莱德后，指派他的信息经理去调查这一问题，而信息经理也确实找到了答案。

让我来问一下，你认为珠宝店一般在一周的哪一天、一天中的哪个时段卖出最昂贵的宝石？是在周三的午餐时间吗？还是在周五的工作结束后？实际上，是在周一的早上 8 点。为何会是这样？我们只能推测，这可能与庆祝或道歉有关。

店主开始在顾客最有可能购买的时候展示他的顶级宝石。这一策略使得生意蒸蒸日上。

这个故事的重点是：深刻理解业务，重视高质量的客户数据并进行基础数据分析，对于提升业务成效至关重要。

13.7.2　律师事务所案例

在完成包括业务影响评估在内的信息资产管理健康检查后，阿德莱德一家律师事务所的执行合伙人发现，如果事务所能更有效地处理其信息资产，其 150 名收费律师中的 70% 左右每天可以额外计费 30 分钟，20% 左右每天可以额外计费超过 1 个小时。他们此前的运作效率相当低。他宣称：

> 改进我们的信息资产管理代表着我们事务所最大的竞争优势，但如果我们现有的低效信息管理做法被客户揭露，我们就完了。

这项工作需要认识到计费时间对事务所收益的重要性，以及客户对事务所效率的关注。它还需要了解由于信息资产管理不善而浪费的时间有多少。

13.7.3 海军造船案例

在国际社会的协助下，澳大利亚近期建造了三艘防空驱逐舰。正所谓熟能生巧，海军中流传着这样的说法：第二艘舰艇的建造成本比第一艘降低了约40%，而第三艘的成本又比第二艘降低了30%。原因是我们掌握了造船的技巧。我们拥有的数据、信息、知识、经验以及智慧，共同促成了成本的显著降低。如果澳大利亚海军能够将这种改进应用到价值2000亿澳元的舰艇建造项目中，我们有望节省约600亿澳元，这笔资金足以建立20家新的医院。

我们必须掌握建造舰艇的方法，识别出对各方有价值的信息资产，并学会如何高效且有效地管理它们。同时，我们还需要确保在正确的时间和地点，把正确的数据、信息和知识传递给正确的人员，同时要确保这些信息资产不受居心叵测者的侵害。

这些案例给我们的启示是：组织应该意识到，对信息资产的管理工作进行投资，可以帮助组织降低商业风险、实现可观的回报，并增强其竞争力。需要注意的是，我们并不是在质疑技术或IT专业人员的价值，实际上，IT部门是我们极为重视的业务合作伙伴。但我们对"数据即新石油"的观念以及将信息资产的管理和增值活动完全交给IT部门的做法持有疑问，因为他们可能会倾向于购买新技术或软件，而这正是他们的职责所在。

13.8 思考题

你的组织如何利用其信息资产来推动业务绩效？

第 14 章

信息资产投资合理性的举证难题

14.1 内容介绍

在第 13 章,我们:

1)讨论了如何识别你最宝贵的资产。

2)讨论了数据、文件、内容和知识如何被用来降低风险、减少成本、增加价值、驱动利益并确保企业行为的道德性。

3)重新审视了构建信息资产利用基础的必要条件。

4)展示了一些简单的实例,用以说明信息资产的有效运用如何对业务产生显著的、可衡量的积极影响。

本章将探讨以下主题:

1)描述投资理由举证领域。

2)展示好与坏的表现。

3)阐述投资理由举证模型及其功能。

4)提出我们的研究结果,揭示信息资产管理实践的投资合理性举证为什么如此困难。

14.2　本章摘要

组织未能持续投入以优化其信息资产管理实践的一个根本原因在于，它们缺少一个模型来验证对信息资产有效管理的投资合理性。投资理由举证模型使组织能够评估和认识到非财务收益，如更精准的决策、更高的客户满意度、更佳的服务交付、对法规的遵循，以及员工专业水平和士气的提升。若能论证信息资产治理与管理投资的合理性，并提升这些信息资产的质量，组织将获得多方面的显著效益。然而，组织在试图证明投资改进信息资产管理实践的合理性时，却面临着多种挑战[1]。

14.3　领域 10：投资理由举证

> 开发和利用信息资产的能力（领域 9）要求识别随之而来的业务影响（领域 10），而识别业务影响的能力（领域 10）确保了这些影响能够被量化和阐明（领域 1）。

投资理由举证领域探讨信息管理方案商业案例的构建过程，图 14.1 展示了它在"整体性信息资产管理模型"（HIAMMM）中的位置。

投资理由举证领域为业务影响领域（领域 1）提供关键输入。通过建立合适的投资理由举证模型，可以明确地展示有效管理信息资产的具体收益。

图 14.1 投资理由举证领域在 HIAMMM 中的位置

14.4 好与坏的表现

在投资理由举证领域，组织"好的表现"与"坏的表现"详见表 14.1。

表 14.1 投资理由举证领域组织"好的表现"与"坏的表现"

"好的表现"	基于对有形和无形收益的确认，可以判定对信息资产质量持续改进所进行的投资是合理的。组织的投资理由举证模型可以识别有形和无形收益，信息资产的成熟度、价值和收益可以被定期评估和记录
"坏的表现"	在信息资产管理方面的投资通常是采购 IT 基础设施。在构建商业案例时，往往更加注重技术风险防控，例如维护服务到期或网络安全威胁，以及成本降低，而不是基于提升工作效率、降低业务风险、增强竞争优势、优化服务交付或提高员工满意度等非财务上的收益。这些投资往往是针对特定项目的，而不是着眼于持续改进的

14.5 投资理由举证模型

我们的终极目标是协助各组织认识到持续优化信息资产管理实践的重要性，并基于对潜在收益的理解和认可进行投资。虽然这一目标我们已经追求了多年，并且我们以商业顾问、研究专家、讲师和作家的身份投身于此，但成效并不理想。我们认为背后的根本原因在于，组织普遍缺乏一个模型来证明它们在信息资产有效管理方面的投资是合理的。

在本书的前面部分，我们提出了一个问题：无论是主动（不当行为）还是被动（疏忽）地决定对组织宝贵的资源——信息资产进行次优管理，是否等同于决定糟糕地管理组织？我们还进一步追问，决定糟糕地管理组织是否构成失职？答案是肯定的。股东和纳税人应该对此感到愤怒。

如果高管仅专注于应对紧急事件而非追求卓越，他们将如何从工作中获得成就感或满足感？如何为股东、客户和员工创造更优的成果？他们个人的职业成长和满足感又将如何实现？正如我们在前言中所指出的，这些管理者陷入了一种"问题已被识别但缺乏解决问题的动力"的困境，正如我们之前讨论的，他们往往不会寻求外部援助。

我们必须确定以下几点：

1）做出合理的投资决策的前提是什么？
2）投资组织信息资产管理的正当理由是什么？
3）如何衡量风险，以便证明对风险缓释措施的投资是合理的？
4）如何评估机会，以便证明对新项目的投资是合理的？
5）促使人们采取行动的因素有哪些？以及为什么现在就要行动？

正如我们在第 3 章看到的，我们的研究结果显示，董事会和高管最感到沮丧和烦恼的话题是如何证明投资（持续改进）信息资产质量的合理性。这个话题在最广泛的主题范围内吸引了最多的讨论。

如果能够解决投资合理性的举证难题，我们将彻底改变信息资产的管理和治理方式。若能论证信息资产治理与管理投资的合理性，并提升这些信息资产的质量，组织将获得多方面的显著效益。我们在第5章提到，一家酒庄改进其信息资产管理实践之后，一名运营员工兴奋地表示："这太棒了，我们现在能找到所需的资料了。"

然而，会计专业人士可能会说，"我们只关心实实在在的成本削减，你不能只解雇一个人的10%"。

投资理由举证模型赋予组织评估非财务利益的能力。这些利益可能涵盖（但不限于）减少业务风险、改善决策质量、提高客户满意度、增强竞争优势、增加生产效率、加速产品与服务的创新交付、改善服务交付、确保符合法规和监管标准，以及提高员工的专业水平和士气。尽管这些收益无法直接量化，但却是实际存在的，它们是成本节约、收入增长和利润提升等财务指标的补充。

政府机构虽然受到预算限制，但其核心目标并非盈利，而是更加关注服务提供等更为抽象的绩效指标。政府机构同样高度重视合规性问题。合规性是推动信息资产管理（尤其是记录保存）的一个关键因素，但它本身并不足以作为投资的充分理由。

14.6 信息资产管理投资合理性的举证为何如此困难

我们的研究发现，组织在信息资产管理实践的投资合理性举证方面存在许多困难，包括以下几点。

14.6.1 缺乏动机或催化剂

除了第6章讨论的意识不足问题外，另一个主要障碍是缺少足够的激励来鼓励人们投入时间和资源管理信息资产。由于信息资产管理的不足并不一定导致业务中断，因此它的优先级往往会被降低，从而滋生了一种自满的态度。在撰写本文的前一天，我与一位营销专家喝咖啡时，他指出："你面临的问题是缺乏紧迫感。"一位人力资源服务公司的首席执行官也提到，尽管他们的信息资产管理并不理想，但这并没有阻碍他们盈利。只要盈利持续，这些问题似乎总是可以"推迟到将来某一天再去解决"。不良的信息资产管理很少会立即引发显著问题，正如一位澳大利亚律师事务所的合伙人所说："我们没有破产，我们没有损失太多价值，也从未遭遇过危机。"银行领域的一位首席知识官和董事会成员都观察到，高层管理者通常不会关注数据、信息和知识，因为在一切看似顺利的情况下，员工似乎总能找到完成工作所需的信息。首席知识官进一步补充说，由于企业有保险来应对可能发生的事件，所以为什么要担心呢？

在那些未能充分认识到信息资产价值的组织中，通常需要一场危机或严重的财务损失才能引起态度的转变。一位金融机构的首席财务官证实，有时需要一场灾难性的事件——比如失去了关键人物，却发现没有留下任何程序或文件——才能引起足够的重视。

14.6.2 合规需求通常是唯一的驱动因素

组织需要遵守有关报告机构的规定，并且需要理解法律法规及其对信息管理和内控系统的影响，美国 2002 年的《萨班斯-奥克斯利法案》就是一个典型实例。遗憾的是，组织通常只在法规强制要求时，才开始重视数据、信息和知识的管理与治理。这种对合规性的过度关注往往会引起对信息管理的抵触。一位金融机构的首席信息官（CIO）观察到，"员工为了规避风险，倾向于保存所有电子邮件、文件、数据和信息"。这种行为不仅造成资源浪费，还可能带来法律风险，而人们往往忽视了深入理解信息价值的必要性。

一家在 46 个国家设有办事处的大型澳大利亚联邦政府机构希望安装一个电子文件和记录管理系统（EDRMS），当问及其首席信息官（实际上是首席技术官）如何论证这一投资的合理性时，他明确表示，"我将按照合规要求所需的最低限度进行投资，不会多花一分钱"。他并未考虑此系统可能带来的业务效益。

一位地方政府的首席信息官（CIO）表示赞同："我认为基于法律合规更容易推销信息管理的收益。"人们看到了管理信息的间接收益，"就像遵守法律能让我免于牢狱之灾"。金融机构的CIO也认同，"当他们告诉财务人员有新的国际财务报告准则（IFRS）时，一夜之间，关于管理无形资产的方式就会发生变化。"

14.6.3　信息资产管理在日复一日的忙碌中被忽视

一家汽车服务公司的首席财务官指出，信息资产的管理往往被"排在后面"，因为存在"其他众多的优先事项"。他进一步解释说，管理者们更多会忙于日常事务，如"处理紧急问题、追求盈利、维护客户满意度，以及在繁忙的日程中找到时间来思考我们系统的未来发展"。一位人力资源服务公司的首席执行官也观察到，对于那些迅速扩张的组织来说，情况更是如此，"他们面临着更为紧迫的问题，如空间和人员配置问题，这些问题占据了我大部分的思考时间"。此外，经济环境的不稳定性等外部因素也对企业的信息资产管理构成了影响。一位大型制造企业的首席执行官表示：

> 我们刚刚经历了全球金融危机（GFC），销售和业务都面临着严峻挑战。我们目前有许多迫切的优先事项，比如提升现金流和增加股东回报。这使得我们不得不更多地关注眼前的问题。

14.6.4　管理信息资产的成本未知

数据、信息和知识的相关成本往往未能得到妥善记录。现行会计准则要么不允许组织对这些成本进行核算，要么这些成本的核算过程过于复杂。目前能够识别的成本通常仅限于信息系统的采购、运营和维护费用。在研究中，没有任何参与者提到了在使用信息资产系统输入必要数据时所花费的时间成本。一位汽车服务公司的首席财务官表示认同，他指出："我们并没有像我们应该做的那样，对我们的信息资产进行成本化和价值评估，但我认为我们正在逐渐意识到这一点。但是，它是否得到了应有的重视？是的，正在逐步得到重视。它是头等大事吗？不，它不是。"

信息的成本通常是未知的，因为它的无形特性使得成本难以量化。一位澳大利亚大型银行的数据管理负责人曾讽刺地说：

> "你能向我展示一桶信息吗？如果我真能给你展示一桶信息，那可能只是一堆硬盘。这些硬盘本身价值有限，但它们存储的内容对于组织的潜在可衡量价值可能是无限的。"

一位金融机构的董事会成员进一步解释说：

> "如果你购买一台新的推土机，你可以预期它将使用15年，花费20万澳元，然后你可以在这段时间内对其进行折旧。这是非常容易理解的，你也能很好地量化你对那项投资的回报。相比之下，信息资产的价值至多只能估计其可能带来的收入或客户价值，这也是会计师很难对其进行精确计算的原因。"

14.6.5 信息资产的价值未知

组织往往未能充分认识到信息资产的价值及其重要性。一位来自汽车服务行业的首席财务官观察到：

> "我认识到信息资产及其在组织内部共享的重要性和巨大价值。然而，与众多组织一样，我们在这一领域面临着挑战，未能将

其重要性充分显现出来，也没有投入足够的资源来挖掘其潜在价值。我相信，如果我们能够真正理解这些资产的价值，我们就会改变自己的思维方式。"

这揭示了人们在价值驱动因素的理解方面存在着不足，管理者往往假设信息资产的可用性是恒久不变的。目前，组织普遍缺乏一种有效的机制来评估数据、信息和知识的价值，这些资产分散在电子邮件、互联网内容、政策和程序等多个领域。一位金融机构的首席财务官指出，"信息资产已经渗透到我们业务的各个角落"，但他不确定如何有效地捕捉和评估这些资产的价值，也不清楚是否存在一种可靠的评估方法。

14.6.6 数据、信息和知识的价值具有情境性

数据、信息和知识的价值随时间的流逝、组织内管理层级的不同以及专业领域的多样性而变化。从时间维度来看，一位人力资源服务公司的 CEO 指出："我们所掌握的资产，如果它们可以被称为资产的话，具有一种瞬时性。昨天的资产到了今天可能就消失了。因此，这是一种转瞬即逝的资产。"组织内部的层级也影响着这些资产的价值。一位金融机构的 CIO 强调，信息需要在组织的各个层级得到恰当的解读，以确保对所有层级的员工都具有实际意义。此外，数据、信息和知识的价值还取决于它们在业务功能领域中的应用。不同的团队和个人对信息管理的需求和挑战各不相同。这位 CIO 进一步表示："你面临的信息挑战实际上取决于你所在的业务领域。"

14.6.7 信息资产价值在企业出售时才能体现

一家人力资源服务公司的 CEO 指出，信息资产之所以管理不善，部分原因在于，企业的信息资产价值在日常运营过程中往往无

法量化，只有当企业被出售时，这些价值才会显现。现行的会计准则并不允许企业将信息资产的价值直接体现在资产负债表上。威尔逊（Wilson）和斯坦森（Stenson）[2]强调：

> "我们有充分的理由认为，企业资产负债表之外的元素（例如员工的士气、市场购买意向、管理能力、信息资产）往往比表内显示的资产更为关键。"

商誉作为一种无形资产，通常不会在日常的资产负债表中体现，它只有在企业并购时才会被计入账目。

14.6.8 会计准则不能充分反映数据、信息和知识的价值

传统的会计比率无法有效计量无形资产。我们研究的参与者一致认为，数据、信息和知识对企业具有重要价值，但他们也指出，根据现行的会计准则和传统做法，除非相关活动达到一定规模，否则这些无形资产通常不会在资产负债表上进行正式的计量和披露。在我们所调查的组织中，没有一个组织使用特定的比率来衡量其智力资本，如知识资本比率、知识资产回报率或每位员工的培训费用。组织回避知识比率的一个可能原因是，所有被视为资产的项目都需要在年终财务报表中体现，这可能导致那些拥有大量知识型员工的组织需要为其知识资产支付更高的税负。一位制造业公司的 CEO 指出："如果会计系统不能评估信息的价值，那么企业也不会这么做"。

14.6.9 有效管理信息资产的收益未被理解

企业推动信息资产管理的实施，常常面临对其潜在价值认识不足的挑战。高层管理者通常依赖于直观经验和常识，这使得他们难以认识到规范化的信息管理对于组织成功的重要性。一位金融机构的负责人指出，他们"更倾向于关注那些直接影响业务运行的核心

活动，如销售、产品市场推广、资金筹集与投资以及确保这些资金被正确记录，还有管理开支"。一家金融机构的首席信息官指出，新兴组织往往更注重快速增长和能够直接带来业务增长的策略，"而不是寻找无形资产的潜在价值"。投资者则更关注于财务报表的最终数字，因此他们更倾向于关注收入和成本。管理者们普遍认为，如果能够获取到更多高质量的信息，他们将能够做出更加明智的决策，从而实现更高的投资回报。然而，汽车服务公司的首席财务官指出，尽管商业人士都意识到他们未能有效管理信息资产，但往往是因为他们不清楚通过更高效的信息管理能够带来哪些具体的收益。他进一步说明，公司在为数据仓库项目争取投资时遇到了阻力，因为业务团队未能看到投资数据仓库的直接收益。他质疑道：

"我们计划投入大量资金，将数据整合到一个集中的位置和访问点，但这真的能让我们更好地经营业务吗？由于没有人能够确信这样做能带来明显的业务优势，因此数据仓库项目最终未能成功实施。"

14.6.10 妥善管理信息资产的收益是无形的

信息资产的管理面临的挑战之一是其效益难以量化，评估信息资产所带来的具体收益是一项复杂的任务。一位公用事业公司的首席知识官指出，她在寻找可量化的收益时遇到了困难，并强调"为了让项目当时能够启动，我必须展示出具体的收益"。一家金融机构的首席财务官发表了一段有趣的评论：根据迈尔斯-布里格斯人格类型指标（MBTI），大约四分之三甚至更多的人属于"感觉型（Sensing，S型）"和"判断型（Judging，J型）"人格。这类人格倾向于关注硬性事实和具体数据，缺乏灵活性。他进一步指出，大多数人对于模糊不清的概念感到不适，这正是他们在处理无形资产时感到困难的原因。某政府部门的首席知识官认为，组织往往不太擅长用金钱衡量收益，但他们能够理解"减少痛苦"的价值所在（例如，通过优化流程、提高效率，可以减轻工作负担和管理压力——译者注）。相比之下，有形资产的收益更容易量化，因为股东们更关注于有形资产、负债和财富创造的货币价值。一位银行的董事会成员通过一个生动的比喻来说明这一点："当你挪用 100 万澳元时，这笔钱的去向是明确的。但如果你丢失了一辆卡车，人们会问'卡车在哪里？'而对于信息资产的流失，却很难有一个明确的感知。"

14.6.11 妥善管理信息资产的收益错综复杂

信息与知识的价值体现在其对决策的影响力以及激发行动以增进组织利益的能力上。然而，证实自身在信息资产管理方面的卓越表现，并据此评估其价值，是一项颇具挑战性的工作。一位制造业的 CEO 观察到，潜在买家会进行尽职调查，并期望公司能够展示他们如何以超越其他任何人的方式管理信息。

> 如果企业错失了一个项目，他们可以清楚地看到这个损失。但他们往往难以在已有的业务中发现增加利润的机会。这很难衡量，需要深入项目内部，观察人们的工作方式。

一家律师事务所的管理合伙人支持这一观点："若非深入参与其中，单凭阅读文件难以断定其处理过程的低效性。"

数据、信息与知识对于业务流程至关重要，因为它们通常是业务流程的催化剂。很难将价值归因于信息本身——也许它所触发的交易的价值才是衡量的关键。一位金融领域的首席信息官提出，他很难理解如何在不考虑整个业务流程的情况下，去评估一条信息的价值。与此同时，一位来自政府机构的首席信息官指出，他们正在逐步认识到流程本身的重要性和价值。他解释道：

"我对如何在不涉及整个业务流程的情况下，对信息的价值进行评估感到困惑。我们不是通过信息来驱动流程，而是将流程本身作为信息产生的驱动力。"

14.6.12　妥善管理信息资产的收益难以量化

管理层普遍认同信息中蕴含着巨大的价值，然而，一位汽车服务公司的首席财务官提出了质疑："你如何掌控它，以及如何确定它的价值？"这个问题反映了首席财务官们对于揭示信息资产背后的成本以及优化这些信息资产的利用以增进业务价值的迫切需求。因此，必须向公司董事会清晰地阐明信息和知识管理项目的成本效益及其投资回报率。管理层倾向于寻求其投资所带来的明确现金收益。但是，由于知识资产的无形性，这一目标往往难以达成。迄今为止，信息和知识管理领域尚未形成一个被普遍接受的、用于衡量投资回报的标准化模型。

14.6.13　在某些服务行业，效率低下更划算

在特定行业中，追求效率的主要动力是提高利润率，但现行的定价策略并未强制他们缩短完成工作的时间。一家律师事务所的高级合伙人透露，除非律师被迫提高效率，否则他们实际上会因为效率低下而获得额外的回报。"如果我是一名律师，即便一项任务需要花费一整天的时间也没有关系，事实上，任务耗时越长越好。律师事务所内部并没有强烈的动机去追求极高的组织效率。"在咨询行业中，有效的信息管理也不是业务成功的关键因素，因为服务费用是基于时间和材料类型成本计算的。一家人力资源服务公司的首席执行官进一步指出："我们的目标并非总是寻找最快捷的解决方案。"

14.6.14 信息资产管理本身是非常乏味的

信息资产管理并不是一个引人入胜的话题。一位政府部门的首席知识官（CKO）表示："这是一个相当枯燥的话题。我认为大多数人并不想真正去思考它，因为它相当困难，它不像货币性资产那样直观。"一位地方政府组织的首席信息官（CIO）也表达了相似的观点："人们不会在早上第一件事就是阅读信息政策，你不会看到人们认为这是一条美丽的信息，这是一个难以推销的话题。"

14.6.15 人们总有自己的议程

在第 11 章的"信息行为"中讨论到，实施信息管理的一个关键障碍是，某些个人和部门对信息的占有欲，他们将信息视为一种权力，因而不愿意与他人分享。受访者认为个人利益（这对我有什么好处？）也是一个障碍。人们总有自己的议程，而且组织中的大多数人只专注于个人在组织中的生存，他们不会推动业务发展，也不会为业务做出最佳决策。正如一位信息服务公司的首席执行官所说："这一切都是关于他们自己的议程。"

14.6.16 风险管理被视作一种负担

信息被视作企业资产，管理得当可以带来机遇，管理不善则带来风险，企业必须识别潜在风险并集中精力进行资产管理，这就需要企业像了解资金存放位置一样，了解其信息资产的存放地点。关键问题包括：治理与责任分配、文化和员工培训、支持专业人员的能力、流程和程序的清晰度和适当性，以及技术支持与基础设施，信息资产的有效管理还需要合适的赋能系统和实践。组织可以理解财务问题并知道如何应对，对于信息问题往往缺乏足够的认识。

一家公用事业公司的首席知识官（CKO）认为，有时候需要

"走风险路线以引起他们的关注"。尽管当前可能没有直接的危机,但某些组织面临的潜在风险——如果不加以解决,可能会带来沉重的成本负担。她能够说服组织关注他们的记录和信息的唯一方式是:直接与负责业务风险的决策者沟通,询问对方是否认识到由于记录和信息管理不善而带来的潜在风险。这种直接的对话往往是转折点,因为决策者能够清晰地认识到这些风险。

尽管风险管理是业务发展的关键驱动因素,但其实施同样需要大量的工作投入。企业往往将风险管理视为一种烦琐的行政负担,导致那些本应在战略层面领导组织的高级管理人员发现自己的时间被合规活动所占据。一位地方政府的首席信息官(CIO)观察到:

> "你可以明显感受到他的挫败感,实际上,他对这个问题已经采取了非常强硬的应对态度。"

14.6.17 积极行动的理由

一些组织声称他们通过管理信息资产获得了显著的收益。特别值得注意的是,一位金融服务公司的经理明确表示,他并不打算进行效益分析,因为效益是显而易见的,他不愿意在明显的事实上面浪费宝贵的资源——时间。只需在组织内部四处走动,我就能看到人们如何使用这个系统,以及他们如何能够更高效地协作和工作。我知道这些收益已经实现,因为人们每时每刻都在使用这个系统。

在另一个组织中,效益同样显而易见,经理评论说成功是呈指数级增长的。成功孕育成功。一旦人们开始从信息资产中获得价值,他们很快就会在他们的直接商业环境中发现其他机会,然后它就开始像滚雪球一样增长。

一家公用事业公司的首席知识官也持相同观点:

> "我倾向于通过展示和传达成功故事来证明价值，而不是从硬性效益的角度来量化。所以，每当我听说有人通过获取他们不必重新制作的文档节省了时间，或者在内部网上迅速找到了专家，或者运用我们的外部研究工具来更深入地了解客户时，我都会记录并将这些成功案例反馈给业务部门。"

多年前，我们应昆士兰一家能源供应商的请求，协助他们开发商业案例，以支持购买和实施电子文件和记录管理系统（EDRMS）。尽管他们已经尝试了三次，但都未成功。在我们的帮助下，第四次尝试终于成功了，我们感到非常兴奋。我们急切询问：

> "你们打算如何利用这个商业案例？"
> "不打算用它。"
> "什么！？不打算用它。但你们已经投入了这么多资金，我们也花费了这么多时间。"
> "你们帮助我们认识到了做这件事的真正原因。我们有太多人花费了太多时间在效率低下的工作上。结果是人们工作得太辛苦，而且有很多无偿加班。我们只是希望他们能按时回家，与家人团聚。"

明白了。与电子文件和记录管理系统（EDRMS）的采购和实施相关的文化变革管理，无疑是极具挑战性的。

14.7 思考题

1）你的投资理由举证模型是如何处理无形价值的？
2）你的组织如何证明在信息资产管理计划上的投资合理性？
3）你的组织如何为信息资产管理提供资金？是：

① 基于 IT 基础设施项目进行的？

② 由业务部门资助，以业务为导向，基于其信息资产质量的持续改进所带来的可衡量效益？

③ 其他方式？

4）你的组织如何为信息资产质量的持续提升提供资金支持？

14.8 参考文献

[1] EVANS N, PRICE J. WhyOrganisations Cannot Justify the Effective Management of Their Information Assets [C]. In: European Conference of Management, Leadership and Governance (ECMLG), 2014-11-13/2014-11-14, Zagreb, Croatia.

[2] WILSON R M S, STENSON J A. Valuation of Information Assets on the Balance Sheet: The Recognition and Approaches to the Valuation of Intangible Assets [J]. Business Information Review, 2008.

第 15 章

管理信息资产以助推数字化转型

15.1　内容介绍

在第 14 章，我们：

1）描述了投资理由举证领域。

2）展示了好与坏的表现。

3）描述了投资理由举证模型及其功能。

4）介绍了我们的研究结果，即为什么很难证明改善信息资产管理投资的合理性。

本章将探讨以下主题：

1）数字化业务转型的驱动因素。

2）数字化业务转型的认知误区。

3）新型冠状病毒感染（以下简称新冠病毒）的影响。

4）数字化转型与信息资产管理之间的重要联系。

15.2　本章摘要

我们已经详细讨论了十个关键领域，现在让我们深入探讨影响信息资产管理整体性的问题。最近几年，现代组织面临的竞争环境经历了显著的演变，技术的飞速发展已经改变了客户的期望。为了充分利用新技术的能力并满足客户和用户的需求，企业必须进行彻底的转型。企业正在将数字技术整合到业务的各个方面，从根本上改变运营方式，价值创造方式以及与客户、员工和合作伙伴等利益相关者互动的方式。

数字化业务转型的核心在于信息的访问、分析和利用，以及实时做出更明智的决策，提升客户体验，并加速创新。因此，信息已成为数字化转型的基石，而如何高效且安全地管理信息则成为一项挑战。

未能进行数字化转型的组织将面临生存危机。它们可能会因为收入和人才的流失而逐渐消亡。本书传达了一个核心观点：没有企业高层的坚定承诺和决心，无论是有效管理信息资产还是推动组织的数字化转型，都将难以成功。重要的是要投入时间进行反思，从失败中吸取教训，从成功中总结经验，并将这些经验作为未来行动的参考。

以客户为中心和无缝业务流程只能通过数字化转型来实现。数字化转型的成功依赖于有效的信息资产管理，这要求我们将数据、信息和知识等信息资产视为宝贵的资源和战略性的商业资产，并像管钱一样精心管理它们。

15.3　数字化业务转型的整体观

尽管有关数字化业务转型的讨论层出不穷，但很少有人能够全面地探讨整个转型过程的所有方面。这包括制定新的数字化业务转型战略、培养不同的领导风格和员工能力、优化商业模式、改善客户体验，以及把握由数字技术带来的变革和机遇。在本书中，我们使用"数字化业务转型"这一术语，以强调其重点是业务的转型，而非仅仅关注"数字"（或技术）方面。在大型组织的背景下，我们也可以使用"数字化企业转型"这一术语[1,2]。

数字化业务转型与持续流程改进、新产品安装和数字化等其他举措不同，后者主要关注通过实施新兴技术来提高流程效率和生产力。数字化业务转型绝非等同于数字化（Digitisation）或数字化升级（Digitalisation），更不只是将纸质文件塞进扫描仪那么简单。它会从根本上改变组织的传统业务模式，是混乱棘手的，也是颠覆式的，实施起来非常困难，因此需要企业级的整体战略和高管层的坚强领导才能成功。

具体而言，数字化（Digitisation）是将信息从模拟格式转换为数字格式，例如将纸质记录转化为计算机文件。数字数据的效率呈指数级超越模拟数据，但大多数业务系统和流程仍沿用模拟时代的信息查找、共享及使用方式。数字化升级（Digitalisation）则是利用数字化信息优化现有工作方式，使其更简单高效。它并非改变企业的运作模式或创造新业务，而是让既有业务因数据的即时可获取性而更快、更优。数字化转型（Digital Transformation）则关乎商业运作方式的变革，甚至可能催生全新的业务模式。企业需重新审视所有环节，从内部系统到线上及面对面的客户互动，从而实现更优决策、突破性效率提升和更佳的客户体验。

15.4 数字化业务转型的驱动因素

在不断变化的市场环境中，数字化业务转型已成为组织追求的关键战略之一。以下是主要的驱动因素：

1）需求的演变：客户越来越认为自己有权享受优质服务，并且对服务的要求也越来越高，他们需要在客户体验的每一个环节都能更有效地参与。利益相关者如今掌握的信息越来越多，他们期望能够及时获取关于产品、服务、合作伙伴和客户的反馈，对低效和无效的运营越来越难以容忍。企业所有者寻求更高的投资回报、更低的风险和更强的竞争优势；客户追求以客户为中心、无缝的业务体验，以及更高质量、更快、更经济的商品和服务；供应商和员工则期望流程更加快捷、简便，决策更加明智。数字化转型有助于缩小客户期望与企业实际交付能力之间的差距。

2）技术的进步：技术的发展和进步使得企业能够处理和分析更多的数据，同时实现成本降低、效率提升和业务创新。

3）新兴的竞争者：初创企业有能力对传统企业和整个行业构成威胁，这就要求管理者和员工掌握新技能以应对挑战。

新冠病毒在全球范围内的大流行加剧了业务转型的紧迫性，推动了数字化转型的加速，并彻底改变了商业格局。麦肯锡[3]观察到：

> 商业和消费者活动的受限或放缓，以及物理工作场所的关闭，让许多公司感受到了前所未有的危机，加快了它们的数字化转型步伐，这种规模自战争年代以来未曾出现过。

企业逐渐意识到，除了提高数字能力以获取市场竞争优势之外他们别无选择，这使得数字化业务转型计划激增。新冠病毒大流行加速了零售、教育和医疗保健等几乎所有行业的数字技术应用。在很多情况下，企业既定的战略会在几周内失效。

达拉格·奥布莱恩（Daragh Obrien）更是断言：

> "过去20年里，许多所谓的数字化转型只不过是在给"猪涂口红"。然而，全球性的新冠病毒危机暴露了战略中的漏洞和那些权宜之计的缺陷。"

15.5 数字化业务转型的认知误区

数字化业务转型的本质常被误解，许多人将其与数字化混为一谈，错误地认为这是由首席信息官或首席数字官主导的技术驱动过程。他们认为，由于数字技术可能引发业务中断和挑战，因此业务解决方案也应从数字技术中寻找。这种误解被称为"技术谬误"[4]。

劳拉·塞巴斯蒂安-科尔曼（Laura Sebastian-Coleman）指出，许多组织在面对网络安全威胁时，倾向于寻求IT解决方案，而忽视了信息质量的重要性。

尽管"数字化转型"这一术语已存在多年，但多数情况下它仍停留在一套以技术而非信息为核心的主张层面。这些主张主要来自技术供应商，因此这种现象并不令人意外。它们强调数字技术为人们带来了全新的互动方式，却刻意回避了信息质量这一关键要素。各类组织同样忽视了数字化转型中"转型"的真正含义。如果将这一过程比作一段旅程，那么当前大多数组织的旅程更像是技术采纳之旅（让我们部署这项酷炫的新技术），而非真正的转型之旅（我们可以利用这项技术获取的信息，切实改变工作方式和客户互动模式）。人们错误地将技术本身和"花哨的新玩意"等同于资产管理和运营方式的实质性变革，这无异于新瓶装旧酒。正是这种"技术拜物教"导致了当前困境（我们有个应用可以解决这个问题），而唯有通过更明智地运用技术来赋能员工和组织，我们才能从根本上解决问题。

在学界和业界，关于数字化业务转型的常见误区还包括：认为数字化业务转型是一个孤立的、一次性的项目；认为必须要遵循传统方法并在全公司范围推动变革；错误地认为大多数企业已经有了一个有效的数字战略；将数字化业务转型视为现有商业模式的一个附加元素而非核心组成部分；奢望员工会毫无抵抗地接受转型[4]。

15.6 信息管理是数字化业务转型的基础

波士顿咨询集团的研究揭示了一个令人深思的现实：数字化转型项目失败率高达 70%。该研究强调了失败的主要原因是数据和信息管理不善，包括数据和信息质量差以及缺乏在正确地点获取准确信息的能力。信息不仅是企业的生命线，而且其有效利用是构建竞争优势的关键。正如之前讨论的，数字化业务转型的核心是认识到信息是一种资产。信息资产，包括数据、文件、在线内容和知识，具有显著的商业价值。事实上，信息可能是世界上最宝贵的资产之一。因此，企业必须像管理其他资产一样，对信息进行妥善管理[5,6]。

数字化转型的过程中，组织自然会生成比以往更多的数据、信息和知识。数字技术使得组织能够收集、存储、管理、分析数据，并从中获得洞察力，从而做出数据驱动的决策，提高客户参与度。然而，传统的信息系统往往无法胜任这些任务。我们之前的研究发现信息资产的特点包括：具有价值；管理不善；管理不善会带来风险和效率低下；管理得当则可以带来显著的商业优势。每个数字时代的组织都是一个"数字企业"，信息是它们的"数字货币"，信息就像重力一样无处不在、不可或缺。组织越来越多地从战略层面利用 IT 技术，以提高灵活性、可扩展性并降低成本。此外，从战略高度管理信息不仅能有效规避商业风险，更能显著提升企业生产运营效能。正如一位金融机构首席财务官所言：

> "越来越多的证据表明，如果不能及时转变成为数据驱动或是信息驱动的人，你将会被扫地出门，因为会有比你更聪明、更迅速、更敏锐的人出现，他们会抢走你的生意。"

第 15 章 管理信息资产以助推数字化转型

传统的信息管理方法难以跟上不断增长的数据和信息流进入组织的步伐，因此，数字化转型与"信息"之间的联系往往与物联网（IoT）和大数据（分析）密切相关，达拉格·奥布莱恩评论说：

> "我们让'大数据'变成了'病态肥胖数据'，因为人们混淆了数量和质量。"

许多业界专家[7,8]一致认为，数据、信息和知识是数字化业务转型目标的支柱：

- **以客户为中心**：提供最佳信息和洞察力以满足客户需求是数字化转型的关键。组织必须通过各种渠道捕获和分析客户数据，以实现全面的数字化互动。
- **卓越运营**：企业内部效率和卓越运营（内部数字化）是数字化转型的另一个重要方面。这要求拥有正确的信息和数据来改进运营和流程，并通过新的系统来优化数字运营，简化内部流程，管理信息过载，并确保适当的治理和可访问性。
- **培养卓越的知识工作者**：培养能够有效运用知识、了解知识来源，并掌握知识存储、共享、保护和利用方法的知识工作者。
- **创新**：信息是实现数字化转型目标的关键。
- **员工满意度**：员工利用数据、信息和知识的能力直接影响业务发展。有效的信息管理可以提高员工满意度和留存率，降低风险，提高生产力和利润率。
- **生态系统**：数字化转型的成败从根本上取决于与客户、员工和合作伙伴的关系，即信息是维系生态系统各组成部分协同运作的纽带。

因此，信息管理是所有数字化转型战略的基石。组织的未来取决于其利用信息资产以获得行业竞争优势的能力，每一次数字化转型举措的核心都是准确和最新的信息，如果没有这些，知识工作者将无法高效地工作，决策也不会被优化。

15.7 信息资产管理与数字化转型相结合的优势

将有效的信息资产管理与数字化业务转型战略相结合，可以带来以下显著优势。

15.7.1 实现"一数一源"

组织必须确保对所管理内容的深入理解，以避免数据丢失和无效使用。为此，组织需要建立一个系统，使员工能够无障碍地访问和利用存储于任何系统或库中的信息，无论其物理位置如何。这种"单一真实来源"对于做出明智的业务决策至关重要。

15.7.2 及时无误交付

随着数据的复杂性和体量的增加，必须实施适当的权限管理以保护数据，确保只有授权用户能够访问、编辑、移动或删除数据。此外，当员工离职或角色变更时，权限应自动更新，以防止未经授权的访问，确保员工的平滑过渡，并保护敏感信息不被泄露。

15.7.3 提高操作效率

通过自动化原有的手动流程，可以释放员工的时间和精力，使他们能够专注于更有价值的任务，并加强对工作流程和数据的控制。自动化流程能够连续运行，确保任务按时完成，满足客户和其他利益相关者的期望。

15.7.4 提高协作效率

尽管远程工作存在很多好处,但若缺乏面对面交流,高效协作将难以实现。多种智能协作工具(如 Google Workspace、Trello、Slack、Zoom、Salesforce)促进了实时信息共享,解决了版本控制问题和电子邮件附件丢失的问题,确保每个人都能访问到最准确和最新的信息。然而,这些工具的有效性依赖于良好的变革管理、引入和使用流程。如果没有相应的配套措施,即使部署了先进的 ERP 软件,也难以实现有效的信息管理。

15.7.5 满足合规要求

在审计与合规方面,信息管理系统通过元数据轻松控制用户访问,并自动确保版本控制。它还可以维护清晰的审计跟踪记录,以确保合规性,并保护敏感信息[8]。

15.7.6 服务未来创新

智能系统的实施为未来的创新奠定了基础,数据分析、机器学习和人工智能对于组织最大化其信息和数据的价值至关重要。随着技术的不断进步,企业必须保持足够的开放性,及时将这些技术纳入其数字化转型战略之中[8]。

15.8 参考文献

[1] EVANS N, MIKLOSIK A, BOSUA R, QURESHI A M A. Digital Business Transformation: An Experience-Based Holistic Framework [J]. IEEE Access, 2022, 10: 121930-121939.

[2] ZEELIE L, EVANS N. Embarking on a Digital Enterprise Transformation

Journey: Guiding Principles for Leaders [C]. ECMLG, Online conference, November, 2021.

[3] MCKINSEY. Digital Reinvention: Unlocking the 'How' [EB/OL]. Digital/McKinsey, January 2018. https://www.mckinsey.com/business-functions/mckinsey-digital/our-insights/digital-reinvention-unlocking-the-how[2024-01-31].

[4] KANE G C, NGUYEN PHILLIPS A, COPULSKY J R, ANDRUS G R. The Technology Fallacy—How People Are the Real Key to Digital Transformation [J]. MIT Sloan Management Review, The MIT Press, 2019.

[5] EVANS N, PRICE J. Barriers to the Effective Deployment of Information Assets: An Executive Management Perspective [J]. Interdisciplinary Journal of Information and Knowledge Management (IJIKM), 2012, 7: 177-199.

[6] LANEY D B. Infonomics: How to Monetize, Manage, and Measure Information As an Asset for Competitive Advantage [M]. Oxfordshire: Taylor & Francis Group, 2017. ProQuest Ebook Central. https://ebookcentral.proquest.com/lib/unisa/detail.action? docID=5023889[2024-01-31].

[7] I-SCOOP. Digital Transformation and Information Management: Enabling Change [EB/OL]. Conference in Digital Health (Rewiring Health), 2019. https://www.i-scoop.eu/digital-transformation/digital-transformation-and-information-management-enabling-change/[2024-01-31].

[8] SMITH D. Information Management Is Critical to Digital Transformation [EB/OL]. idm, 2016. https://www.idm.net.au/article/0011210-information-management-critical-digital-transformation[2024-01-31].

第 16 章

接下来的行动指南

16.1 内容介绍

在第 15 章中,我们讨论了以下内容:
1) 数字化业务转型的驱动因素。
2) 数字化业务转型的认知误区。
3) 新型冠状病毒感染的影响。
4) 数字化转型与信息资产管理之间的重要联系。

本章将探讨以下主题:
1) 简要总结我们之前探讨的内容。
2) 向你展示可以采取的措施。
3) 鼓励你采取下一步的行动。

16.2 本章摘要

组织应采取适当的策略来优化其信息资产的管理。他们需要超越对传统信息技术解决方案的依赖,转而认识到数据、信息和知识是战略性商业资产,其管理需要与财务资产的谨慎和严格程度相匹配。高层管理者可以借鉴本书提出的整体性信息资产管理模型，用以指导和优化信息资产管理实践，这将使他们的组织能够在数字化时代做好准备，降低业务风险、提高竞争力和盈利能力、改善业务绩效并提升客户体验。

16.3　你的信息资产至关重要

数字经济时代，信息资产在组织的竞争力和成长中发挥决定性作用，组织必须彻底变革其运营模式和客户价值交付方式[1]。虽然董事会和高管层精通于管理有形资产、财务资产和人力资产，但我们的研究以及其他文献均表明，目前几乎不存在有效的机制来管理其信息资产。治理结构往往不完善，鲜有对信息资产质量负责的角色。鉴于资金和信息都是企业至关重要的资产，深入理解信息资产在企业层面采用了不同的管理方式的原因是至关重要的。

许多组织缺乏对其独特活动进行准确和精确描述的能力，他们通常不清楚在执行这些活动时使用了哪些数据、文件、内容和知识。在许多组织中，员工各自管理自己的信息，几乎没有人清楚关键信息的存储位置、访问权限和保存期限。尽管他们认识到数据、信息和知识对其运营至关重要，但组织往往不知道如何识别和管理与信息资产相关的风险、成本、价值、收益和伦理问题。许多组织将管理数据、信息和知识的成本等同于硬件、软件、维护、支持、升级、网络费用和IT员工薪酬的总成本，即基础设施的采购和管理成本，但他们往往忽视了管理信息所花费的时间。企业需要采用有效且易于使用的业务管理工具和解决方案，还应该制定正式的利益实现计划，用以评估信息资产管理措施的投资回报率。

在组织的日常运营过程中，员工几乎每天都会处理大量的数据、信息和知识，无论是通过报告、电子邮件、电子表格、发布的内容还是业务对话。为了有效地管理信息资产，组织需要培养一种文化，这种文化不仅重视人员和数据的管理，而且将知识视为宝贵的企业资源。通过提供激励和奖励机制，组织可以鼓励员工将信息视为战略资源来管理，从而提高业务绩效和竞争优势。一方面，每个员工都应该对信息的妥善管理负责；另一方面，组织中必须有明确的人对组织级的信息资产整体管理负责。

数字化业务转型完全依赖于妥善的信息资产管理[2]。

"如果信息管理是推动数字化转型的关键，而数字化转型又需要更好的信息管理，那么企业在实施数字化转型战略之前，也就必须先制定好信息管理战略。否则，他们将可能面临失败。"

16.4 本书内容摘要

简而言之，本书主要讲述了以下内容：

1）大多数组织存在的意义是为了向其所有者（无论是市民还是股东）提供价值。

2）他们通过在正确的时间以正确的价格向客户提供正确的产品和服务来向所有者提供价值。

3）产品和服务是通过组织活动为客户创造和交付的。

4）组织通过资源配置来实现各项业务活动。

5）组织只有四种可配置资源——金融资产（资金）、有形资产（财产和基础设施）、人力资产（人员）以及无形资产（关系资本、品牌知名度、商誉以及数据、信息和知识）。

6）与这些资产相关的风险、成本、价值、收益和伦理，都需要妥善管理。

7）最成功的组织是在消耗最少的稀缺和宝贵资源的同时为其客

户提供最大价值的组织。

8）治理提供了对组织管理及其资源配置方式的监督和控制。

9）董事和董事会成员等企业治理责任人，必须明确各类资产管理决策的负责人，并掌握评估资产治理与管理成效的关键问题。

10）与基于会计的传统"智慧"相反，管理层的工作不是推动业务绩效，而是以尽可能高效和有效的方式配置组织资源，如果他们这样做了，那么业务绩效就会随之而来。业务绩效是良好商业管理的事后指标，而不是事前指标。

11）信息资产可以说是组织最宝贵的资产。没有正确的数据、信息和（或）知识，任何业务活动、业务流程和业务决策都无法进行或做出。试想一下，如果组织没有行业或业务理解，没有客户数据，没有订单、库存或生产数据，没有知识产权，没有财务信息，没有合同，它还能值多少钱？

12）组织宝贵的资产通常并没有得到治理和管理。在每次董事会会议上，董事们会要求按月查看组织的财务报表，然而他们甚至不知道信息报表是什么。无法或不愿妥善治理组织的信息资产相当于失职。

13）董事和董事会成员需要针对组织资产和资源的管理及配置建立问责机制，如果没有问责机制就没有人关心，因为这不是他们的工作职责。对于金融资产而言，问责制是明确且严格的，首席财务官（CFO）是直接对组织金融资产管理负责的关键人物，如果他管理不善就可能被解雇，如果他挪用资金则可能面临牢狱之灾和法律的制裁。其他资产则不然。

14）通常，组织的信息资产管理和信息资产质量缺乏问责机制。

15）由于工作职责与个人声誉均取决于此，信息资产责任人必将严格执行确保信息资产妥善管理所需的企业纪律。

16）信息资产管理是一个业务问题，而不是一个IT问题。大多数组织将责任交给了 IT 部门，却忽视了 IT 部门的考核标准。正如托马斯·C. 雷德曼（Thomas C. Redman）所说，"要尽快把数据从 IT 中剥离出来"。正如我们此前引述，美国一家大型卫生组织的首席执行官坦言："我们在技术上的投入，如今只能让我们以光速接收垃圾数据"。

17）数据、信息和知识成为资产的前提是，组织能够让正确的人在正确的时间找到正确的信息。如果信息资产不能被发现和使用，它们立即就会变成负债。这些资产必须保证高质量，而非垃圾信息。

18）查找信息需要知道它的名称和存放位置，包括人工智能在内的技术进步在这方面可以提供极大的助力。

19）信息的命名和归档依然离不开企业纪律。

20）企业纪律需要原则、框架、工具、度量标准、绩效指标、激励措施以及良好的领导、管理和员工行为。

21）企业纪律是企业文化的一部分。

22）企业文化需要细致入微的沟通来塑造。

23）在构建支持企业纪律和促进命名与归档的系统时，人的判断力是不可或缺的。世界上没有一种系统能够在安装后完全自动化地运行，并告诉你组织正在执行哪些操作、使用了哪些信息资产、哪些信息资产是关键的，以及谁在创造、捕获、拥有并出于何种目的使用这些资产，也不能自动告诉你这些资产的具体位置。组织需要避免被那些看似完美无缺但实际上不切实际的解决方案所迷惑，不存在一蹴而就的解决方案，管理层需要下定决心，持续地施行企业纪律。

24）我们建立的系统必须易于使用。如果系统使用不便，人们就会寻找变通方法，导致信息重复、统一真实来源或记录系统缺位、信息混乱，以及责任和风险的不断累积。

25）维持妥善的信息资产管理需要持续改进。

26）持续改进需要配套资金作为后盾。

27）持续改进的资金支持离不开对这些资产相关的风险、成本、价值、收益和伦理的深刻理解。如果首席财务官未能认识到问题的存在，通常不会考虑商业论证方案；若预期收益无法切实满足投资回报要求，首席财务官则不会批准方案；若既定收益未能得到验证和实现，后续投资亦将中止。

16.5　我们的建议：下一步要做什么

基于我们的研究成果和数十年的案例证据，我们强烈建议你和你的组织要：

1）灵活运用整体性信息资产管理模型来夯实数字化业务转型基础：

① 将组织的信息资产管理实践对齐到模型的 10 个领域开展成熟度评估，这可以提供一个坚实的起点。

② 引导制定一个路线图，在个人、组织两个层面形成可量化的显性收益（领域 1）。

2）聚焦"信息是宝贵的商业资产"有关知识，面向高层管理团队开展教育培训（领域 2）。

3）依托董事会对组织的信息资产管理实施有效的业务治理，围绕这一核心商业资产建立问责机制（领域 3）。

4）充分展现信息资产的有效领导力与管理（领域 4），具体举措包括精心设计未来的发展愿景、针对及时提供准确信息设定关键绩效指标、针对优良的信息管理行为制定并实施激励与奖励措施等。

5）从信息资产的治理、所有权、战略、原则、政策、工作指导、安全和隐私性的角度来解读业务环境（领域 3），并明确管理组织信息资产所需的工具（领域 5）。

6）建立软硬件环境及网络基础设置，确保高质量地实现"在正确的时间向正确的人提供正确的信息"（领域 6）。

7）制定并实施信息资产管理行为的改良战略和计划，面向全员宣贯做好信息资产管理的重要性及相应的收益。

8）评估并持续提升数据、信息和知识的质量（领域 8）。

9）运用组织的信息资产来推动业务成果的实现并识别更多的机会（领域 9）。

10）制定并实施投资理由举证模型以确认无形收益，为组织在信息资产质量提升方面的持续投资提供有力支撑（领域 10）。

11）设立专门的团队来推动数字化业务转型，由这个团队采取整体性的方法来推动公司级的变革。业务转型项目不可以委托给首席信息官（CIO）/首席技术官（CTO）或首席营销官（CMO）并任由其孤军奋战。

通过恰当地执行上述这些步骤，组织将能够提升其信息资产的管理能力。作者强调，组织不应完全依赖于传统的信息技术解决方案，而应充分认识到其数据、信息和知识作为战略性商业资产的重要性，这些资产需要与财务管理保持同等程度的审慎与严谨。通过采用整体性信息资产管理模型，组织能够有效改进信息资产管理实践，进而推动数字化转型进程，降低业务风险、提高竞争力和盈利能力、改善业务绩效并增强客户体验。

16.6 我们的建议：下一步不要做什么

基于我们的研究成果和数十年的案例证据，我们强烈建议你和你的组织不要：

1）忽视信息资产质量问责机制的建立与施行。

2）将信息资产管理的责任完全推给 IT 部门。他们不是资产的拥有者，对这些信息资产的应用和价值通常缺乏理解，而且他们的薪酬也跟信息资产管理无关。将责任完全推给 IT 部门是不公平的，而且可能导致管理上的失败。

3）试图通过采购一种技术解决方案作为万全之策。你真正需要做的是下定决心、排除万难，像管理其他核心资产那样管理你的数据、信息和知识。

4）忽视信息资产管埋领域的"资产管理、人人有责"。数据、信息和知识影响着组织中每个人的生活，它们被组织中的每个人应用于每个业务决策、业务活动和业务流程。

5）试图独立完成所有这些工作。请不要重复造轮子，全球有许多真正的专家，他们几十年来一直在呼吁董事会成员、董事和高管关注他们最重要的商业资产。我们在这里不仅限于提出问题，而是致力于帮你解决问题。

16.7　可用的资源

世界上一些优秀的专业人士，自愿将他们的智慧和他们在几十年的经历中获得的宝贵经验和失败教训贡献给数据领袖网站（www.dataleaders.org）。诚挚地欢迎你与我们联系，我们非常乐意提供帮助。

同时也欢迎你访问 ExperienceMatters 的官方网站（www.experiencematters.com.au），那里也有大量资料可供参考。

此外，你也可以联系本书作者：

詹姆斯·普莱斯（James Price）	尼娜·埃文斯副教授（Nina Evans）
Experience Matters 总经理	南澳大学 STEM 项目学术带头人
联系电话：+61（0）438 429 144	联系电话：+61（0）420 831 331
电子信箱：james.price@experiencematters.com.au	电子信箱：nina.evans@unisa.edu.au
领英账号：	领英账号：
https://www.linkedin.com/in/james-price-10741a4/	https://www.linkedin.com/in/nina-evans-1b63965/
联系网站：	联系网站：
experiencematters.com.au	https://people.unisa.edu.au/Nina.Evans

16.8 参考文献

［1］I-SCOOP. Digital Transformation and Information Management：Enabling Change［C］. In：Conference in Digital Health，2019.

［2］ROE D. Why Information Management Plays a Critical Role in Digital Transformation［EB/OL］. CMS Wire，2019［2024-01-31］.

附 录

术语中英文对照

英 文 术 语	中 文 术 语
access and security	访问安全
Artificial Intelligence	人工智能
asset governance	资产治理
asset management	资产管理
Australian Asset Management Council	澳大利亚资产管理委员会
bad management	管理不善
barriers	障碍
awareness and understanding	认知与见解
effective management	有效管理
enabling systems and practices	赋能系统及实践
governance	治理
instruments	工具
justification	投资理由举证
leadership and management	领导力与管理
business (corporate) governance	业务（公司）治理
business activities	业务活动
business Classification	商业分类
business continuity	业务连续性
business environment domain	业务环境领域

英文术语	中文术语
businesses integrate digital technology	业务整合数字技术
business governance	业务治理
business impact domain	业务影响领域
business impacts	业务影响
business objectives	业务目标
Chief Data Officer (CDO)	首席数据官
Chief Financial Officer (CFO)	首席财务官
Chief Information Officer (CIO)	首席信息官
Chief Knowledge Officer (CKO)	首席知识官
Chief Operating Officer (COO)	首席运营官
Chief security officer (CSO)	首席安全官
C-level executives	首席高管
common language	统一术语
competitive advantage	竞争优势
compliance	遵从
cyber security	网络安全
Data Management Association International (DAMA)	国际数据管理协会
data ethics	数据伦理
data leaders	数据领导者
data privacy	数据隐私
data protection	数据保护
decision-making	决策
digital business transformation	数字化业务转型
digital economy	数字经济
digitisation	数字化
disaster recovery	灾难恢复
dreamtime	梦境时代

英 文 术 语	中 文 术 语
Electronic Document and Records Management System (EDRMS)	电子文件和记录管理系统
Enterprise Information Management (EIM)	企业信息管理
energy company	能源公司
environment domain	环境领域
ethics	道德准则
executing data quality projects	构建数据质量项目
executive awareness domain	高管意识领域
Executive Director (ED)	执行董事
feedback of research	研究收到的反馈
financial assets	金融资产
financial risk	金融风险
fixed assets	固定资产
Generally Accepted Accounting Principles (GAAP)	公认会计原则（或通用会计准则）
governance	治理
government-owned financial corporation	政府拥有的金融企业
Holistic Information Asset Management Model (HIAMM)	整体性信息资产管理模型
human assets	人力资产
human behaviour	人类行为
human-behavioural barriers	人为行为障碍
human risk	人员风险
human safety	人员安全
Information assets	信息资产
International Accounting Standards Board (IASB)	国际会计准则理事会

英 文 术 语	中 文 术 语
Infonomics	信息经济学
Information asset behaviour	信息资产行为
Information asset benefit	信息资产的收益
Information asset cost	信息资产的成本
Information asset ethics	信息资产伦理
Information asset leverage	信息资产利用
Information Asset Management (IAM)	信息资产管理
Information asset quality	信息资产质量
Information behaviour	信息行为
Information hiding	信息隐藏
Information hoarding	信息囤积
Information technology (IT)	信息技术
Information valuation models	信息估值模型
Intangible assets	无形资产
Internal Financial Revenue Services (IFRS)	国际财务报告准则
job description	工作说明
justification	举证
justification domain	举证领域
Key Performance Indicators (KPIs)	关键绩效指标
The Leader's Data Manifesto	领导者数据宣言
leadership and management domain	领导力与管理领域
liabilities	负债
litigation and discovery	诉讼与证据开示
maturity model	成熟度模型
mining company	矿业公司
morals	道德
multinational mining company	跨国矿业公司

英文术语	中文术语
negative information management	负面信息管理
Ocean Tomo	Ocean Tomo 公司
Oil and Gas Company	石油与天然气公司
physical assets	有形资产
Prime Minister and Cabinet (PM&C)	首相和内阁
factors of Production	生产要素
psychological ownership theory	心理所有权理论
reputational risk	声誉风险
research evidence	研究证据
research participants	研究参与者
research project	研究项目
resource Based View	资源基础观
resources deployment	资源配置
Strategic management process	战略管理过程
Structured data	结构化数据
Tangible assets	有形资产
Tangible costs	有形成本
University SA	南澳大利亚大学
Value vs. Benefit	价值与效益比对